Werkboek voor kinderen en jongeren van ouders met psychiatrische en/of verslavingsproblemen

Kind en Adolescent Praktijkreeks
Dit *Werkboek voor kinderen en jongeren van ouders met psychiatrische en/of verslavingsproblemen* hoort bij de handleiding *Integrale hulpverlening aan ouders met psychiatrische en/of verslavingsproblemen en hun kinderen.* Tevens is er een *Werkboek voor ouders.* De handleiding is bestemd voor psychologen, orthopedagogen, psychiaters en andere hulpverleners. Uitgeverij Bohn Stafleu van Loghum, Houten, 2015.

Bestellen
De boeken zijn rechtstreeks te bestellen via de webwinkel van uitgeverij Bohn Stafleu van Loghum te Houten: www.bsl.nl of via de boekhandel.

Werkboek voor kinderen en jongeren van ouders met psychiatrische en/of verslavingsproblemen

Op weg naar een betere toekomst

Lies Wenselaar

Houten 2015

© 2015 Bohn Stafleu van Loghum, onderdeel van Springer Media
Alle rechten voorbehouden. Niets uit deze uitgave mag worden verveelvoudigd, opgeslagen in een geautomatiseerd gegevensbestand, of openbaar gemaakt, in enige vorm of op enige wijze, hetzij elektronisch, mechanisch, door fotokopieën of opnamen, hetzij op enige andere manier, zonder voorafgaande schriftelijke toestemming van de uitgever.

Voor zover het maken van kopieën uit deze uitgave is toegestaan op grond van artikel 16b Auteurswet jo het Besluit van 20 juni 1974, Stb. 351, zoals gewijzigd bij het Besluit van 23 augustus 1985, Stb. 471 en artikel 17 Auteurswet, dient men de daarvoor wettelijk verschuldigde vergoedingen te voldoen aan de Stichting Reprorecht (Postbus 3060, 2130 KB Hoofddorp). Voor het overnemen van (een) gedeelte(n) uit deze uitgave in bloemlezingen, readers en andere compilatiewerken (artikel 16 Auteurswet) dient men zich tot de uitgever te wenden.

Samensteller(s) en uitgever zijn zich volledig bewust van hun taak een betrouwbare uitgave te verzorgen. Niettemin kunnen zij geen aansprakelijkheid aanvaarden voor drukfouten en andere onjuistheden die eventueel in deze uitgave voorkomen.

ISBN 978 90 368 0990 0
NUR 777

Ontwerp omslag en binnenwerk: Studio Bassa, Culemborg
Automatische opmaak: Pre Press Media Groep, Zeist
Illustraties: Marcel Jurriëns

Bohn Stafleu van Loghum
Het Spoor 2
Postbus 246
3990 GA Houten

www.bsl.nl

Inhoud

	Voorwoord	7
1	Veelvoorkomende vragen met antwoorden	9
2	Aandacht geven aan jezelf	17
3	Omgaan met vervelende gedachten of herinneringen	25
4	Omgaan met gevoelens	33
5	Thuissituatie	39
6	Je toekomst	45
7	Achtergrondinformatie	51
8	Behandeling van mijn zieke ouder	55
9	Diagnose of symptomen	59
10	Veranderingen	61
11	Wat je thuis ook kunt meemaken	65
12	Zelf verslaafd?	69
13	Informatie over psychiatrische ziektebeelden	73
	Websites	81
	Over de auteur	85
	Register	87

Voorwoord

Opgroeien is niet altijd eenvoudig. Het kan helemaal lastig zijn als je een ouder hebt (gehad) die last heeft van psychiatrische problemen of verslaafd is (geweest). Dit kan je eigen vader of moeder zijn, maar ook een stiefouder of pleegouder. Voor het gemak staat er steeds 'ouder', 'vader' of 'moeder' in het werkboek, maar jij weet zelf wel over wie het gaat in jouw situatie.

Door de psychiatrische problemen of de verslaving van je ouder maak je thuis allerlei dingen mee, waarover het vaak lastig is om te praten. Je wilt je ouders niet afvallen, je schaamt je of denkt dat het aan jou ligt of anderen doen gewoon geen moeite om naar je te luisteren. Dan kan het gebeuren dat je met jezelf in de knoop raakt en merk je dat je eigenlijk ook zelf wel hulp zou willen of misschien heb je die al. Dit werkboek geeft je een steuntje in de rug om deze knoop te ontwarren, waardoor je zelf meer greep op je leven krijgt. Hopelijk voel je je dan ook steviger in je schoenen staan. Kom je er met dit werkboek niet uit of wil je met iemand doorpraten: achterin vind je internetsites waar je terechtkunt met je vragen. Maar het kan ook zijn dat je dit boek samen met je hulpverlener invult of met andere deelnemers van een zogeheten KOPP/KVO-groep. Je kunt me altijd een mailtje sturen als je iets wilt overleggen of vindt dat je onderwerpen in dit werkboek hebt gemist of dat er iets verbeterd zou moeten worden.

Als je een ouder hebt met psychiatrische problemen of een verslaving, noemen we dit KOPP (Kind van Ouder met Psychiatrisch Probleem) en KVO (Kind van Verslaafde Ouder). 'Kind' slaat op alle leeftijden, want je bent en blijft een kind van je ouder. Jij bent 'kind van', hoewel geen klein kind meer, maar een jongere. Soms zal in het werkboek toch hier en daar KOPP/KVO-kind staan, als dit gemakkelijker leest.

In dit werkboek vind je allerlei tips afkomstig van KOPP/KVO-jongeren, maar ook praktische oefeningen waar je mee aan de slag kunt gaan om te werken aan een betere toekomst. Ook kun je allerlei achtergrondinformatie over psychiatrie en verslaving lezen en wat dit kan doen met je ouder, jou en jullie gezin. Succes met het doornemen van dit werkboek!

Lies Wenselaar
lwenselaarkoppkvo@upcmail.nl

1 Veelvoorkomende vragen met antwoorden

Bedenk dat je met al je vragen ook terechtkunt bij www.kopstoring.nl. Daar helpen ze je graag verder!

1.1 Vragen over mezelf

1 Ik zit niet lekker in mijn vel. Hoe pak ik dat aan?
Je kunt ervoor kiezen het gewoon 'uit te zitten' of te gaan onderzoeken waar dit gevoel mee te maken heeft. Wil je het 'uitzitten' kijk dan bij hoofdstuk 2 hoe je moeilijke momenten kunt 'uitzitten'. Wil je onderzoeken waarom je niet lekker in je vel zit, ga dan na of het komt door:
- *verveling*: lees de tips in paragraaf 2.2;
- *machteloosheid*: lees paragraaf 4.3 en 4.4;
- *sombere bui*: lees hoofdstuk 2 en 3;
- *piekeren*: lees paragraaf 3.3 over negatieve en verkeerde gedachten;
- *angst*: ga na of je angst terecht is en voor wie of wat je bang bent. Aarzel dan niet om hulp in te schakelen. Voor directe hulp bel je 112 of Veilig Thuis op 0800-2000. Dit kan in alle situaties dat je je niet veilig voelt en je daar iets aan wilt doen of hierover met iemand wilt praten. Beide kun je 24 uur per dag gratis bellen;
- *schuldgevoel*: heel vaak voelen mensen van jouw leeftijd zich schuldig over de situatie thuis. Blijf echter steeds tegen jezelf zeggen dat het niet jouw schuld is dat je

ouder ziek in het hoofd of verslaafd is. Niemand is daar schuldig aan, het overkomt iemand gewoon. Schuldgevoel is in jouw geval dan ook niet terecht en helpt je nooit vooruit: het vergroot je gevoelens van machteloosheid en het zorgt er vaak alleen maar voor dat je je nog rotter gaat voelen of slecht gaat slapen. Heb je iets gedaan waar je je terecht schuldig over voelt: leer er dan van dat je dit dus niet meer moet doen en stop met erover te piekeren: zorg gewoon dat je het nooit meer doet;
- boosheid: lees paragraaf 3.3, 3.4 en 3.5.

2 *Ik ben onzeker, heb weinig zelfvertrouwen en wil meer zelfverzekerd worden.*
Lees paragraaf 2.1 en 3.5.

3 *Ik wil vrienden, maar heb ze niet. Hoe pak ik dit aan?*
Begin met te bedenken: een vreemde nu wordt misschien een vriend die je gewoon nog niet kent. Vaak is iemand niet ineens je vriend, maar leer je elkaar geleidelijk met kleine stapjes kennen, en merk je op een dag dat jullie vrienden zijn. En als het bij 'elkaar kennen' blijft, maar je hebt het wel naar je zin met elkaar, dan is dat ook al prima.
Als je op school zit, probeer je dan te richten op de rustige vriendelijke types en niet op de jongeren met een grote mond of een neiging tot pesten. Begin met kleine gesprekjes over het huiswerk, het weer, de leraar of het vak dat jullie op dat moment hebben. Toon ook interesse in de ander door af en toe wat te vragen of het gesprek te beginnen. Probeer bij het les-wisselen samen de klas te verlaten en naar het andere lokaal te lopen of bij aanvang van de pauzes samen op te lopen om te gaan eten of naar buiten te gaan. Deze kleine stapjes kunnen al ingewikkeld zijn, maar je ook op weg helpen naar een vriendschap.

4 *Ik wil naar klassenavonden, 's avonds naar mijn vrienden, een eigen leven buitenshuis. Hoe pak ik dat aan?*
Het kan heel lastig zijn om een eigen leven op te bouwen, los van je ouder om wie je je zorgen maakt of die het moeilijk vindt dat je niet thuis bent. Blijf het toch proberen, want het is heel belangrijk voor je dat je buitenshuis leuke dingen doet. Probeer om de tips in paragraaf 3.5 in de praktijk te brengen en blijf op rustige wijze voor jezelf opkomen.

5 *Ik heb last van boze buien, ik wil niet zo snel opgefokt zijn.*
In paragraaf 3.5 vind je tips om op een andere manier voor jezelf op te komen. Want je opgefokt voelen en boze buien komen bijna altijd omdat je je machteloos voelt of omdat iemand niet goed naar je wil luisteren. Als dit niet (genoeg) helpt, kijk dan of er iets in de lijst van moeilijke momenten staat in paragraaf 2.2 om het opgefokte gevoel 'uit te zitten'. Door niet direct zo boos te worden, maar het gevoel er even te laten zijn zonder er iets mee te doen, blijkt in de praktijk dat je boosheid na enige tijd verdwijnt. Je kunt er ook voor kiezen om juist iets te gaan doen met je boosheid. Denk aan fietsen, wandelen, hardlopen, touwtje springen, op een boksbal slaan, dansen, op je kussen slaan, iemand uitschelden in je hoofd of hardop schelden als er niemand thuis is. En misschien heb je een vriend of vriendin of vertrouwenspersoon tegen wie je even mag knetteren. Zeg dan wel dat het niets met die persoon te maken heeft, maar dat je even je hart moet luchten! Lees ook paragraaf 3.3 en 3.4 hoe je kalm kunt worden

6 *Ik ben bang dat ik net zo word als mijn ouder en wil weten of ik hier iets tegen kan doen en wat.*
Het is heel belangrijk om zo regelmatig mogelijk te leven: op tijd opstaan en op tijd naar bed. De hersenen blijven dan het meest stabiel. Klinkt saai, maar valt best mee als je jezelf went aan dat ritme. Neem je voor om zo veel mogelijk nachtrust te pakken. Ga dus op tijd naar bed en blijf niet tot vlak voor het slapen op je mobiel/tablet/computer kijken, want dan wordt je melatonine door het kunstlicht dat via je pupil je

hersenen bereikt, afgebroken (melatonine is een stofje dat in de hersenen wordt gemaakt en waardoor je kunt inslapen). Inslapen wordt dan steeds lastiger. Zet je mobiel op stil en leg hem zo ver mogelijk van je bed. Probeer ook drie keer per dag een goede maaltijd te eten, met zo weinig mogelijk suiker en probeer af te blijven van veel koffie, energiedrankjes, alcohol en drugs. Maak de oefening over negatieve gedachten in paragraaf 3.2 en zorg dat je zo je eigen negatieve gedachten vermindert. Vul ook in tabel 5.2 en 5.3 het rijtje symptomen van psychiatrische en verslavingsproblemen voor jezelf in. Kruis je hier symptomen aan, maak dan een afspraak bij je huisarts om erover te praten en advies te vragen.

7 Ik wil beter voor mezelf opkomen. Hoe pak ik dat aan?
Lees paragraaf 3.5.

8 Ik ben vaak zo moe. Hoe krijg ik meer energie?
Bedenk hoe laat je naar bed gaat en zorg dat je minstens acht uur slaap krijgt. Liefst zoveel mogelijk uren voor twaalf uur 's nachts pakken, want een oud gezegde geldt nog steeds: de uren voor twaalf uur tellen dubbel. Zorg ook dat je zeker anderhalf uur voor je wilt gaan slapen niet meer bezig bent op je mobiel/tablet/computer. Het kunstlicht hiervan dringt via je pupil in je hersenen en breekt je slaaphormoon(= melatonine) af en dat heb je nodig om te kunnen inslapen. Ga liever een stuk hardlopen, neem dan een warme douche en iets warms te drinken. Als je gaat slapen, zet je mobiel dan op stil en leg hem zo ver mogelijk bij je bed vandaan. Leg hem desnoods ergens onder, zodat je niet wakker wordt van een berichtje dat binnenkomt of een oplichtend beeldscherm. Ga ook na of je wel genoeg drinkt en eet; gebruik zo weinig mogelijk suikers. Van suiker word je namelijk erg moe, maar je valt er niet beter van in slaap. Slaap en eet je goed en blijf je toch moe, ga dan naar de huisarts om te vragen of je lichamelijk in orde bent. Ben je gezond en blijf je moe, dan is er vast iets wat te veel energie kost en moet dat worden uitgezocht.

9 Ik slaap slecht en wil dit verbeteren.
Zie antwoord bij vraag 8.

1.2
Word ik ook als mijn ouder?

1 Ik merk dat ik ook de neiging heb om verslaafd te raken aan een middel en wil dit niet. Wat moet ik doen om dat te voorkomen?
Zorg in ieder geval dat je uit de buurt van vrienden blijft die gebruiken, hoe weinig dit ook is. Het zien of ruiken kan je in de verleiding brengen en zeker iemand zoals jij die mogelijk de erfelijke kwetsbaarheid heeft om verslaafd te worden. Verder weten we dat dagen nietsdoen en verveling een grote valkuil zijn om middelen te gaan gebruiken. Dus zorg voor een actieve daginvulling. Heb je zelf een psychiatrische diagnose, ga er dan achterheen dat die zo goed mogelijk wordt behandeld, zodat je niet naar middelen hoeft te grijpen als een soort zelfmedicatie voor je klachten.

2 Ik denk af en toe dat ik ook psychiatrische of verslavingsproblemen heb. Wat moet ik hiermee doen?
Vooral jezelf serieus nemen en niet laten doorsudderen in de hoop dat het vanzelf wel overgaat. Deze kans is er wel, maar het kan langer duren dan je lief is of komt helemaal niet. En hoe vroeger je je eigen klachten serieus neemt en er wat aan gaat doen, hoe groter de kans is dat het snel overgaat. Probeer het bespreekbaar te maken met je ouder, je vertrouwenspersoon of iemand op school. Geef aan dat je wilt zorgen dat je problemen zo snel mogelijk worden aangepakt en dat je advies wilt hoe je dit moet aanpakken. Aarzel ook niet om op www.kopstoring.nl contact te leggen

met een hulpverlener of te bellen met de Kindertelefoon voor advies. Boor alle hulpbronnen aan die je maar kunt bedenken, je bent het waard om te doen!

3 Hoe herken ik een depressie bij mezelf?
Er zijn vele mogelijke (voor)tekenen: vroeg wakker worden, moeilijk uit bed komen, tegen de dag opzien, niets te zeggen hebben, minder of juist meer eten, niet kunnen uiten van gevoelens, moeilijk omgaan met anderen, afspraken afzeggen of er tegenop zien, negatieve gevoelens en gedachten hebben, sombere of geïrriteerde stemming, lusteloos zijn, nergens zin in hebben, minder belangstelling hebben voor dingen die je eerst wel leuk vond, moe of uitgeput voelen, geen emoties voelen, geen contact met anderen willen, weinig of geen gevoel van eigenwaarde hebben, denken aan de dood of gedachten over zelfdoding, slecht slapen of juist veel slapen, omgekeerd dag-en-nachtritme, minder of juist meer eten/eenzijdig eten, meer of minder behoefte aan seks, je concentratie en je geheugen worden steeds slechter, waardoor je op school steeds slechtere cijfers haalt, je hebt het gevoel dat je niets waard bent en dat je niets goed meer kunt doen of je ziet als een berg tegen de toekomst op. Als je veel in dit rijtje herkent, aarzel dan niet om hulp te gaan zoeken. Als het een depressie is, moet je hier niet in je eentje mee blijven lopen, er is iets aan te doen!

4 Hoe herken ik een psychose bij mezelf?
Mogelijke (voor)tekenen zijn: als je zelf, maar vooral als je omgeving merkt dat je gedrag heel anders is dan vroeger. Soms is een psychose moeilijk te onderscheiden van een depressie, omdat veel klachten hetzelfde zijn. Bij een psychose merk je echter dat je meer verward bent dan voorheen. Signalen die je serieus moet nemen zijn: je terugtrekken uit de wereld om je heen, moeite hebben met concentreren, vergeetachtig of verward zijn, gemakkelijk geïrriteerd of kwaad zijn, somber zijn, meer zorgen maken, piekeren, 's nachts wakker zijn en overdag slapen, meer of minder zin in eten hebben, minder aandacht voor zelfverzorging hebben, moe en futloos zijn, achterdochtig zijn, meer interesse in geloofszaken, filosofie en paranormale onderwerpen, je ziet, hoort of ruikt dingen die andere mensen niet zien, horen of ruiken.

5 Hoe herken ik een manische fase bij mezelf?
Mogelijke (voor)tekenen van een manische fase zijn: veel praten, bellen of e-mailen, veel nieuwe dingen aanpakken en niets afmaken, ondoordachte beslissingen nemen, te gemakkelijk geld uitgeven dat je eigenlijk niet hebt of schulden maken, gemakkelijk nieuwe contacten leggen, maar ze niet kunnen vasthouden, prikkelbaar en snel boos zijn, 's nachts klaarwakker zijn, meer zin in seks hebben of ineens allerlei seksuele niet-passende uitspraken doen, versnelde gedachten hebben, een extreem uitgelaten stemming hebben, voor de buitenwereld overdreven vrolijk en druk zijn, gedachten die alle kanten uitschieten, niet kunnen stilzitten, veel tegelijk doen, niet kunnen stoppen, het gevoel hebben alles aan te kunnen en impulsief dingen doen zonder rekening te houden met nadelige gevolgen. Als je in deze opsomming jezelf herkent, zoek dan meteen hulp bij je huisarts en zorg dat je zo snel mogelijk 's nachts weer kunt slapen. Vaak zijn hiervoor in het begin medicijnen nodig.

1.3
Mijn ouder

1 Ik wil weten wat er met mijn vader/moeder aan de hand is.
Kijk in hoofdstuk 7, 9 en 13. Je zou ook kunnen proberen het aan je ouder te vragen, maar vaak weten ouders zelf niet wat hen mankeert. Een goede reden om een gesprek met je huisarts of de hulpverlener van je ouder aan te vragen. Het is helemaal fijn als dit samen met je ouder kan. Op www.kopstoring.nl onder het kopje 'info ziektebeelden' vind je ook alle informatie over de verschillende ziektebeelden.

2 Ik heb een ouder die een zelfmoordpoging heeft gedaan of zichzelf heeft gedood en wil hier meer over lezen.
Zie hierover paragraaf 11.1. Of ga naar de site www.113online.nl.

1.4
Mijn familie

1 Ik maak me zorgen om mijn broer of zus.
Probeer een gesprek met je broer of zus aan te gaan en zeg gewoon welke zorgen je hebt. Lukt dit niet, kijk dan of je het met je ouder kunt bespreken of met iemand van je school. Kijk ook of er iemand in je familie of kennissenkring is aan wie je je zorg kunt vertellen en die je om advies kunt vragen. Of bel de Kindertelefoon op 0800 0432 om advies te vragen. Dit kan elke dag gratis (ook vanaf je mobiel) van 14.00 tot 20.00 uur

2 Ik wil contact met de rest van mijn familie, maar dat vindt mijn ouder niet goed.
Het komt vaak voor dat een ouder ruzie heeft met de eigen familie en geen contact met hen wil. Maar ja, het is ook jouw familie en het kan zijn dat jij wel contact met hen wilt. In de praktijk gebeurt dit dan stiekem, omdat, als de ouder het te weten komt, het gevolg een huis vol ruzie is. Aan jou de keus of je het openlijk vertelt of dat je het voor je houdt. Het is moeilijk hierover advies te geven, je zult je eigen keuzes moeten maken.

1.5
Huiselijke problemen

1 Ik wil weten wat ik moet doen als mijn ouders ruzie hebben.
Probeer als het even kan je er niet mee te bemoeien als niemand gevaar loopt. Bemoei je je er wel mee, dan loop je kans dat de ruzie alleen maar erger wordt, omdat je vanuit je eigen stress en schrik net de verkeerde dingen doet of zegt. Dreigt de ruzie uit de hand lopen of is die al uit de hand gelopen: waarschuw hulptroepen of ga naar buiten als het binnenshuis niet lukt of het je onmogelijk wordt gemaakt. Als iemand gevaar loopt, bel dan direct 112, noem duidelijk je adres en dat er politie nodig is. Verbreek vooral de verbinding niet. Is er geen direct gevaar, maar ben je de ruzies zat, bel dan naar Veilig Thuis op 0800-2000. Dit kan 24 uur per dag en is gratis, ook vanaf je mobiel. Hun site is www.vooreenveiligthuis.nl

2 Ik wil meer weten over huiselijk geweld en wat ik hieraan kan doen.
Huiselijk geweld is helaas iets wat niet zonder hulp vanbuiten is op te lossen. Raap al je moed bij elkaar om er met iemand over te gaan praten. Dit kan 24 uur per dag gratis op het telefoonnummer van Veilig Thuis 0800-2000. Hun site is www.vooreenveiligthuis.nl. Ook kun je terecht op de site www.kindermishandeling.nl. Deze website is voor kinderen, jongeren en volwassenen die mishandeld worden/zijn geweest. Ook kun je op deze site chatten met een hulpverlener. Of bel de Kindertelefoon die iedere dag bereikbaar is van 14.00 uur tot 20.00 uur 's avonds op 0800-0432. Dit is gratis en als je je naam niet wilt noemen, kan dat ook. Lees ook paragraaf 6.2 over steun vragen en paragraaf 11.2.

3 Ik wil weten hoe ik verwaarlozing, mishandeling en/of seksueel misbruik kan stoppen.
Lees paragraaf 11.2.1.

1.6
Hulp willen

1 Ik wil iemand in vertrouwen nemen en weet niet goed hoe dit moet.
Lees paragraaf 6.2. Hierin vind je openingszinnen voor een gesprek met iemand die je in vertrouwen wilt nemen.

2 Ik wil met andere jongeren contact krijgen die ook een ouder hebben zoals ik.
Hiervoor bestaan de zogeheten KOPP/KVO-groepen, die door het hele land worden gegeven, vaak door de preventieafdeling van een GGZ-instelling. Als je wilt weten waar je bij jou in de buurt terechtkunt en er zelf niet achter komt, kun je je vraag per e-mail stellen op www.kopstoring.nl. of www.survivalkid.nl. Of bellen naar de Kindertelefoon: 0800 0432. Jongeren van 8 tot 18 jaar kunnen (gratis) bellen met allerlei vragen, elke dag van 14.00 tot 20.00 uur. Dit nummer kun je ook gratis vanaf je mobiele telefoon bellen!

3 Ik wil weten wat een KOPP/KVO-groep is.
Een KOPP/KVO-groep is er voor jongeren van 8 tot 12 jaar, van 12 tot 16 jaar en van 17 tot 23 jaar. Deze groepen zijn erop gericht de jongeren te steunen en te informeren over de ziekte van hun ouder, te bespreken wat dat voor hen betekent, hun weerbaarheid te vergroten en de belasting van het kind/de jongere te verminderen. Behalve het praten over de problemen thuis, is het lotgenotencontact van onschatbare waarde ('eindelijk durf ik echt hardop te zeggen hoe shit ik het allemaal vind, zonder dat ik me schuldig voel, omdat jullie weten hoe het is'), evenals de gelegenheid om het ook gewoon gezellig met elkaar te hebben of leuke dingen samen te ondernemen. Deze groepen komen meestal tien keer anderhalf uur bijeen. De ervaring leert dat de jongeren de bijeenkomst iedere keer weer veel te snel vinden afgelopen. Als je dat wilt, mogen er telefoonnummers en e-mailadressen gedeeld worden met elkaar, maar dit hoeft natuurlijk niet.
KOPP/KVO-groepen worden meestal gegeven door de preventieafdeling van een GGZ-instelling in jouw woongebied. Via je huisarts of op www.kopstoring.nl kun je vragen bij welke instelling bij jou in de buurt KOPP/KVO-groepen worden gegeven en hoe je er terecht komt.

4 Ik zou wel eens met iemand willen chatten of praten over thuis, maar dan anoniem. Waar kan dit?
Op de site www.kopstoring.nl of www.survivalkid.nl of gratis bellen (ook gratis vanaf je mobiel!) met de Kindertelefoon 0800-0432 dagelijks van 14.00 uur tot 20.00 uur.

5 Ik wil weten waar ik informatie kan vinden over de verschillende medicijnen die een psychiater geeft.
Het Kenniscentrum Kinder- en Jeugdpsychiatrie www.kenniscentrum-kjp.nl heeft een apart deel voor jongeren (Brainwiki). Daar is allerlei informatie te vinden over psychiatrische ziektebeelden en over medicijnen. Informatie over medicijnen vind je onder het kopje 'begrijp je medicijn'.

1.7 Verslavingen

1 Ik wil meer weten over verslavingen, zoals alcohol, drugs, gokken of gamen en hoe je hier vanaf kunt komen.
Lees hoofdstuk 12. Kijk op de sites www.stoppenmetgokken.nl of www.agog.nl voor gokken, www.jellinek.nl of www.drugsinfo.nl voor drugs, www.drinktest.nl, www.watdrinkjij.nl en www.drankjewel.nl voor alcohol.

2 Ik wil meer weten over gameverslaving.
Lees paragraaf 12.1. Kijk op de site www.gameadviesopmaat.nl. Op deze site kun je een testje doen om je eigen gamegedrag in kaart te brengen, allerlei informatie vinden over gamen en als het nodig is ook hulp krijgen om dit aan te pakken.

3 Ik wil weten hoe ik met mijn verslaafde ouder moet omgaan.
Besef dat jij het probleem van je ouder helaas niet kunt oplossen. Het enige wat je kunt proberen is je ouder te motiveren om hulp voor zichzelf te gaan zoeken. Probeer je ouder duidelijk te maken dat je last hebt van de problemen van je ouder en dat je graag wilt dat dit verbetert. Ga op zoek naar hulptroepen die je ouder kunnen motiveren om hulp te zoeken. Lukt dit allemaal niet en denk je erover om het huis te verlaten, bespreek dit dan met een vertrouwenspersoon, bel de Kindertelefoon om advies of ga naar je huisarts of wijkteam. Onderneem in ieder geval iets, want soms is het echt de hoogste tijd om voor jezelf te kiezen! Ook kun je een online cursus volgen op www.kopstoring.nl. Kijk hiervoor onder het tabblad 'hulp en advies'.

1.8 Opname van een ouder

1 Ik wil weten hoe het er bij een opname in een psychiatrische kliniek aan toe gaat.
Lees paragraaf 8.1.

2 Ik wil weten wat er gebeurt als mijn ouder gedwongen wordt opgenomen.
Lees paragraaf 8.2.

3 Ik wil het verschil weten tussen een inbewaringstelling(IBS) en rechterlijke machtiging (RM).
Lees paragraaf 8.2.

1.9 Kennis vergroten

1 Ik wil weten wat het verschil is tussen een psycholoog en een psychiater.
Een psycholoog heeft psychologie gestudeerd en houdt zich vooral bezig met alles wat er in het leven van iemand gebeurt en hoe dit te verbeteren, vaak met behulp van gesprekken. Een psychiater is een arts die na de studie nog vier jaar heeft doorgeleerd over de werking van de hersenen en wat er soms niet goed gaat in de hersenen en hoe je dit dan kunt oplossen. Bij ernstigere psychiatrische problemen kan men bij een psychiater terechtkomen. Omdat een psychiater ook arts is, mag hij medicijnen voorschrijven. Een psycholoog mag geen medicijnen voorschrijven.

2 Ik wil weten waar ik informatie kan vinden over de verschillende medicijnen die een psychiater voorschrijft.
Het Kenniscentrum Kinder- en Jeugdpsychiatrie www.kenniscentrum-kjp.nl heeft een apart deel voor jongeren (Brainwiki) waar allerlei informatie te vinden is over

psychiatrische ziektebeelden en informatie over medicijnen. De informatie over medicijnen vind je onder het kopje 'begrijp je medicijn'.

3 Wat betekent GGZ?
GGZ betekent geestelijke gezondheidszorg. Deze instelling streeft ernaar psychiatrische aandoeningen te voorkómen, te behandelen en te genezen, mensen met een chronisch psychiatrische aandoening aan de maatschappij te laten deelnemen en (ongevraagde) hulp aan mensen te bieden die ernstig verward en/of verslaafd zijn en die uit zichzelf geen hulp zoeken. Er is de basis-GGZ en de gespecialiseerde GGZ. Tot de basis-GGZ behoren de huisarts, de praktijkondersteuner van de huisarts (POH), het maatschappelijk werk en de wijkteams. In de specialistische GGZ-zorg werken de psychiaters en mensen die extra geschoold zijn in psychiatrische kennis. De specialistische GGZ-zorg kan thuis geboden worden, op een polikliniek, tijdens een dagopname of door opname in een psychiatrisch ziekenhuis. Elke regio heeft een eigen GGZ-instelling. Op www.zorgkaartnederland.nl kun je kijken waar een GGZ-instelling bij jou in de buurt is. Tijdens kantooruren kun je zelf bellen, 's avonds, 's nachts en in het weekend moet je eerst de huisarts/huisartsenpost bellen.

2 Aandacht geven aan jezelf

2.1
Tips van andere KOPP/KVO-jongeren

'Je kunt de golven niet tegenhouden, maar je kunt wel leren om te surfen'

Als een ouder ziek is, gaat er vaak veel aandacht en zorg naar die zieke ouder en hoor je als jongere regelmatig dat je meer rekening moet houden met je zieke ouder. Maar ja, je bent zelf ook iemand met wie rekening moet worden gehouden en die zelf ook zorg en aandacht nodig heeft. Alleen wordt dat wel eens vergeten. Het is in dat geval belangrijk dat je goed voor jezelf zorgt en jezelf op nummer één zet. Maar hoe doe je dat zonder met iedereen ruzie te krijgen? Ook zonder je schuldig of verantwoordelijk te voelen voor het welzijn van je zieke ouder? Hoe hebben al die andere KOPP/KVO-jongeren dat gedaan? Welke tips hebben ze voor je?
Hierna volgt een lange lijst met tips waar je misschien wat aan hebt en die zijn bedacht door andere jongeren met dezelfde problemen als jij. Zij werden hierdoor zelfverzekerder en voelden zich ook gelukkiger. Bij hen werkte het, hopelijk bij jou ook.

Tips om meer voor jezelf op te komen
- Vind jezelf belangrijk genoeg om te kiezen voor het afmaken van je opleiding die je volgt. Ga dat diploma halen, ook al kost het je veel moeite. Een diploma helpt je later te gaan doen wat je wilt. Dus: kom dat bed en het huis uit, zet je blik op oneindig en verstand op nul: gaan met die banaan!

- Hard werken en leren op school zijn jouw redding om een goede toekomst te krijgen. Vooral doorgaan, maar gun jezelf ook af en toe wat rust en ontspanning, want de boog kan niet altijd gespannen zijn!
- Als je bent vastgelopen op school of al langer niet naar school gaat, ga praten met iemand van school, vraag hulp bij het weer opstarten van je school of het maken van een goede schoolkeuze. Als het lukt, doe dit dan samen met je ouder, lukt dit niet dan zul je het alleen moeten doen, maar doe het! Bereid eventueel op een briefje voor welke punten je wilt bespreken.
- Bijna iedere school heeft een schoolmaatschappelijk werker die een paar uur per week op je school is. Met hem/haar kun je ook over je problemen thuis praten.
- Schakel hulptroepen in die je kunnen stimuleren als je het zelf even niet ziet zitten. Denk bijvoorbeeld aan iemand uit je gezin of familie, iemand van school, misschien vrienden of hun ouders, of wie je ook maar kunt bedenken.
- Als het thuis te onrustig is om te leren, vraag dan of je op school aan je huiswerk mag werken of ga in de bibliotheek zitten. Hier kun je altijd gratis naar binnen en gaan zitten werken.
- Maak een lijst met zaken die jou kunnen helpen om moeilijke momenten 'uit te zitten/door te komen'. Want bedenk: ook al is het moment nog zo rot, het is toch een kwestie van de tijd, want ook rottige momenten stoppen eens.
- Schrijf op een papiertje een tekst die je kracht geeft. Stop het in je broekzak of tas of leg het op je bureau. Dan kun je ernaar kijken als dat nodig is. Zo'n tekst is voor iedereen weer anders. Voorbeelden van andere jongeren: 'ik laat me door niemand meer gek maken', 'ik heb de kracht om vol te houden', 'kalm blijven, me niet boos laten maken', 'het is mijn leven en ik beslis zelf wat ik wil', 'het gaat me lukken, dat diploma'.
- Zoek steun voor jezelf als je die nodig hebt. Doorbreek het zwijgen over de ziekte of verslaving van je ouder.
- Neem je voor om uit de buurt te blijven van alcohol en drugs. Mogelijk heb je door je negatieve gevoelens of gedachten de neiging om ze te gebruiken of heb je de kans geërfd om ook verslaafd te raken. Doorbreek de negatieve cirkel: je vader of moeder is dit niet gelukt, jou gaat het wel lukken!
- Probeer met mensen/leeftijdsgenoten buitenshuis contact op te bouwen of uit te breiden. Altijd lastig, maar belangrijk voor jezelf. Kies wel mensen van wie je positieve energie en stimulans krijgt en die je vertrouwen waard zijn.
- Blijf geloven dat je een eigen persoon bent, los van de psychiatrie en/of verslaving van je ouder. Zorg voor eigen activiteiten, interesses en vrienden, los van de mening van je ouders en vertrouw op jezelf dat jij weet wie goede vrienden zijn en wie niet.
- Sta jezelf toe recht te hebben op plezier, los van thuis. Afstand en plezier los van thuis kunnen moeilijk zijn, maar je ook weer positieve energie geven.
- Zorg ervoor dat de problemen zich niet gaan opstapelen, probeer een probleem zo snel mogelijk aan te pakken. Lukt dit niet, trek je dan terug uit uitzichtloze situaties en vraag daarbij hulp aan anderen.
- Wees niet bang om afgewezen of niet begrepen te worden door mensen buitenshuis. Dit gevoel hoort bij wat je hebt meegemaakt thuis. Dit hoort bij toen en daar, maar niet bij nu en je nieuwe contacten.
- Bedenk: ik hoef niet voor iedereen te zorgen. Dat moeten ze maar zelf doen. Ik ga nu voor mezelf zorgen!
- Bedenk op moeilijke momenten dat je ouder ziek is en dat rotopmerkingen of rotgedrag niet persoonlijk tegen jou bedoeld zijn, maar dat het de ziekte is die praat. Maar ja, lastig is dit wel, want rotopmerkingen of rotgedrag verander je er niet mee.
- Houd niet (meer) voor de buitenwereld verborgen wat er thuis gebeurt. Neem mensen in vertrouwen. Hierdoor kun je begrip en steun krijgen. Zet zelf de stap om erover te beginnen met andere mensen.

- Probeer weer te gaan vertrouwen op wat je diep in jezelf voelt, te luisteren naar jezelf, zonder beïnvloeding van je zieke ouder.
- Luister naar je eigen grenzen, leer 'nee' zeggen tegen wat je niet bevalt, hoe eng dat ook voelt.
- Geef jezelf iedere dag één compliment.
- Zeg – desnoods dagelijks – tegen jezelf in de spiegel of in bed of als je op straat loopt: 'ik hoor er ook bij, ik mag er zijn, ik ben een goed mens'. Krik je zelfvertrouwen op, durf trots op jezelf te zijn.
- Besteed tijd aan de dingen waar je goed in bent en vooral: neem tijd voor jezelf!
- Maak een lijstje met eigenschappen of acties van jezelf waar je trots op bent.
- Geef eerlijk antwoord als iemand vraagt hoe het met je gaat.
- Ben je een binnenvetter: laat zien aan de ander dat je boos, verdrietig, bang of bezorgd bent. De ander ziet dan hoe hoog het je zit.
- Ben je een opgewonden standje en snel boos: oefen jezelf om kalm te zeggen wat je dwarszit. Mensen zullen dan eerder en beter naar je luisteren.
- Breek je muurtje om je heen af voor de aandacht, warmte en liefde van anderen. Oprechte belangstelling en interesse in jou als mens voelen goed als je het durft toe te laten. Houd je muur voor vervelende mensen overeind.
- Na uithuilen en een hekel aan iedereen hebben: opnieuw beginnen door niet in een negatief gevoel te blijven hangen. Hoofd omhoog, borst vooruit: niemand kan je klein krijgen!
- Doe iets als je veel frustratie voelt: fiets, ga wandelen, loop hard, ga touwtje springen, zoek een boksbal, ga dansen, sla op je kussen, scheld iemand uit in je hoofd of hardop als er niemand thuis is.
- Probeer je thuiservaringen te uiten door iets creatiefs te gaan doen. Denk aan tekenen, muziek maken, dansen, schrijven of een dagboek bijhouden.
- Als je je schuldig voelt over iets, vraag je dan af: had ik er iets aan kunnen doen of niet. Bij nee: 'door de plee en weg ermee'. Kwel jezelf niet langer met onterechte schuldgevoelens.
- Accepteer van jezelf dat je recht hebt op gevoelens van irritatie en woede over je ouder. Ontken deze gevoelens niet, maar geef ze een plek. Hoe ziek je ouder ook is, hoe zielig jij je ouder ook vindt: iedereen heeft recht op woede. Maar ook je woede op dokters, hulpverleners en alle anderen die niet (konden) helpen mag er zijn. Laat deze woede alleen niet omslaan in haat. Haat verteert en verziekt alles, dus ook de rest van je leven. Laat haat los en trek een cirkel om je woede: de woede hoort bij je ervaringen als KOPP/KVO-kind, je hoeft ze niet te ontkennen, ze mogen er zijn, maar laat ze niet de rest van je leven beheersen. Zorg dat de woede die je voelt, jou niet de baas wordt, blijf zelf de baas over je woede.
- Bedenk dat de stap vooruit ook wel eens betekent dat het even allemaal niet lukt, maar dat de volgende stap voorwaarts altijd weer komt.
- Doe zoveel mogelijk plezierige dingen waar je je blij van gaat voelen. Doe elke dag één leuk ding (zie hierna het lijstje 'moeilijke momenten doorkomen').
- Maak een lijst met positieve dingen die je wilt bereiken en noem de kleine tussenstappen die daarvoor nodig zijn om dat te bereiken. En zet dan ook meteen een eerste stap!
- Besteed aandacht aan waardevolle vriendschappen of ga nieuwe vriendschappen aan.
- Verpest positieve ervaringen niet door je af te vragen hoe lang het nog zal duren, maar geniet van iedere minuut.
- Als je met lotgenoten contact wilt, kan dat via www.kopstoring.nl of www.survivalkid.nl of door je op te geven voor een KOPP/KVO-groep.
- Maak, voor het geval het thuis uit de hand loopt, een lijstje met telefoonnummers die je in geval van nood direct kunt bellen. Als eerste is van belang: alarmnummer 112! Daarna het telefoonnummer van je vertrouwenspersoon. Denk ook aan

de huisarts(enpost). Regel dat als je een broer of zus hebt zij deze nummers ook hebben. Als je een mobiel hebt, zorg dan dat je altijd beltegoed op je mobiel hebt. Maar 112 kun je altijd gratis bellen, onthoud dat!
- Besef iedere dag: ook ik ben de moeite waard om te leven en heb het recht om gelukkig te zijn!
- Tips die je zelf hebt bedacht

2.2
Hoe kom ik moeilijke momenten door?

'Winnaars zijn de mensen die nooit opgeven, die blijven geloven in betere tijden'

Niet alle moeilijke momenten zijn uit te bannen. Je zult altijd zo nu en dan moeilijke momenten tegenkomen, hoe goed je ook je best doet. Dan is het belangrijk wat je kunt bedenken om deze moeilijke momenten zo snel mogelijk door te komen. Dus vooral niet je zelfbeheersing en hoop verliezen, maar even afstand scheppen tussen jou en het moeilijke moment. Hopelijk vind je ideeën in de lijst met tips om 'moeilijke momenten door te komen'.

Tips om moeilijke momenten door te komen
- Jezelf eens flink verwennen, jij weet zelf wel hoe.
- In je bed onder je dekbed gaan liggen en eens flink uithuilen.
- Koptelefoon op, lekker hard zetten en naar je lievelingsmuziek luisteren.
- Warme douche nemen.
- Plannen maken voor de rest van de dag.
- Tv-kijken.
- Als je internet hebt: op www.youtube.com filmpjes opzoeken waar je om moet (glim)lachen en bij je favorieten zetten, kun je er lekker snel bij.
- Richt je op je eventuele huisdier.
- Heb je beltegoed en een vriend of vriendin: even kletsen, maar niet te lang, want dan ben je zo door je beltegoed heen.
- Houd je van tekenen: zorg dat je altijd papier en potloden op je kamer hebt om iets te kunnen tekenen.
- Begin een dagboek en schrijf dingen van je af om het moeilijke moment door te komen.
- Begin een plakboek met plaatjes/foto's waar je blij van wordt.
- Ken je het kaartspel patience of solitaire? Dit kun je met een pak speelkaarten spelen of op de computer/je mobiel en je hebt er niemand bij nodig.
- Gun jezelf om je gewoon ook even te vervelen en voor je uit te staren.
- Probeer interesse te krijgen in dingen zoals kruiswoordpuzzels, sudoku's of legpuzzels. Het leidt je af en de hersenen kunnen niet tegelijkertijd verdrietig, bang of boos zijn als je hiermee bezig bent.
- Maak voor jezelf een kopje lekker warme thee.
- Als je van lezen houdt, zorg dan dat je altijd een boek of tijdschrift in de buurt hebt.
- Richt je kamer anders in, maak het gezellig.
- Begin een verzameling.
- Als je van tutten houdt: ga je nagels lakken, probeer eens andere make-up of een ander kapsel.

- Ga plannen maken voor de toekomst en fantaseer over de tijd dat het goed met je gaat.
- Denk aan aardige dingen die mensen tegen je gezegd hebben of voor je hebben gedaan.
- Geef jezelf een lekkere voetmassage.
- Ga naar buiten, lekker een stuk wandelen, hardlopen of fietsen.
- Haal leuke of mooie herinneringen in jezelf naar boven en schrijf ze op.
- Vul hier dingen in die je zelf nog bedenkt.

_____

_____

_____

2.3
Hoe haal ik leuke herinneringen in mezelf naar boven?

Oefening 2.1

Behalve vervelende of niet te snappen gebeurtenissen heb je hopelijk leuke dingen meegemaakt. Denk hier even over na en schrijf het op in de lege ruimte hierna. Misschien komt er nu even niets, misschien wel. Leuke of mooie herinneringen kunnen helpen om aan terug te denken als je het even niet ziet zitten. Probeer het maar. Als je merkt dat je hoofd nu gewoon geen leuke of mooie herinneringen kan bedenken, sla dit dan maar over. Misschien heb je ook gewoon geen leuke of mooie dingen meegemaakt, misschien kom je er later nog wel op.

Mijn leuke/mooie herinneringen

_____

_____

_____

_____

_____

_____

_____

_____

_____

_____

2.4
Ik ben Ik en niet alleen KOPP/KVO-jongere, maar wie bén ik eigenlijk?

'Wees jezelf, want een origineel is altijd meer waard dan een kopie'

Lees deze tekst over 'Ik' rustig door en onderstreep de woorden die op jou slaan. Hiermee ontwar je de vele gedachten die je hebt en zie je in één oogopslag wat er moet veranderen wil je meer voor jezelf opkomen op een manier waar jij beter van wordt en niet slechter. Als je dit gedaan hebt, lees je nog eens de vele tips die werkten bij andere KOPP/KVO-kinderen en kijk je welke je in de praktijk wilt gaan brengen (par. 2.1). Omcirkel de tips die je gaat gebruiken, zodat de lange lijst overzichtelijker wordt voor je. Bedenk bij het opvolgen van de tips wel: verandering kost tijd, maar als je er nooit aan begint, verandert er helemaal niets. Ook kan het nodig zijn aan het veranderen van je negatieve en verkeerde gedachten te werken, want anders lukt verandering niet.

'Ik', zo'n simpel woordje, zo snel gezegd, maar ook zo snel weer weg als je vader of moeder psychiatrisch ziek of verslaafd is. Want wie is die Ik dan? Is Ik degene die zichzelf steeds wegcijfert? Die steeds rekening houdt met de zieke ouder? Die bang is voor wéér een uitbarsting? Die boos en machteloos is als het thuis weer eens misgaat? Die de eigen tranen voor de zoveelste keer wegslikt? Die nergens zijn ervaringen kwijt kan, want thuis is er je zieke ouder en buitenshuis durf je niet over thuis te praten? Is dat Ik? Ik die altijd meedeint met de ander? Ik die soms zo boos kan zijn, maar daar geen raad mee weet? Er geen woorden voor heeft? Of is Ik iemand die snakt naar een eigen mening? Naar een eigen stem? Die óók wel eens gehoord wil worden? Die óók een mening heeft? Is Ik iemand die er kan en mag zijn, naast de zieke ouder? Die ook wel eens 'nee' kan en mag zeggen? Die alle sores en wangedrag van een ander ook wel eens níet wil begrijpen? Die het gewoon zat is zich altijd schuldig te voelen. Om steeds weer het gevoel te hebben tekort te schieten. Die óók wel eens in het middelpunt wil staan, erbij wil horen, liefdevol vastgepakt wil worden. Gehoord wil worden. Is Ik iemand die – los van thuis – vooral voor zichzelf durft te kiezen? Is dat Ik? Is dat de Ik die ik wil zijn? Vrij van schuld- en schaamtegevoel? Los van de angst of Ik het ook kan krijgen?
Ben Ik wel een Ik, los van de psychiatrie of verslaving van mijn ouder? Mag Ik een eigen Ik zijn? Laat Ik mijn ouder dan niet vallen? Een kind moet er toch altijd zijn voor zijn zieke ouder? Vind Ik dat echt? Of mag Ik ook wel eens 'nee' zeggen? Vind Ik dat Ik ook recht op iets heb? Een eigen leven? Hoe kan dat? Hoe doe je dat? Want als ik al voor mezelf durf te kiezen, dan laat mijn ouder me weer niet los. Dan is er ineens weer een zelfmoordpoging. Of een opname. Of 'gewoon' een gigantische gilbui of een onbegrijpelijke ruzie. Of als Ik weg ben naar mijn vrienden wordt er gevraagd of Ik weer snel thuiskom, want Ik ben thuis nodig. Het leven is zo zwaar voor mijn ouder, Ik moet toch begrijpen dat mijn hulp en nabijheid hard nodig zijn, dat een kind zijn ouder moet helpen en niet in de steek mag laten? En Ik? Ik dacht dat ik voor mezelf koos, maar ik voel me alleen maar schuldig, verdrietig, verward, gefrustreerd, machteloos en boos als ik voor mezelf kies. Ik schaam me dat Ik voor mezelf kies, vind mezelf hierdoor niets waard, kan niet echt genieten van het weg-zijn, denk alleen maar 'mijn ouder is per slot van rekening zielig en niet Ik'. Of 'ik wil wel tips opvolgen, maar mijn gedachten en gevoelens zitten in de weg'.

2.5
Je eigen gedachten en gevoelens begrijpen

'Je kunt niet een positief leven leiden als je hoofd vol is met negatieve gedachten en je hart vol met negatieve gevoelens'

Ieder mens heeft eigenlijk vier 'Ikken', jij dus ook. Dit zijn: de 'Emotionele Ik', de 'Eén-ding-tegelijk-doen-Ik, de 'Redelijke Ik' en de 'Wijze Ik'. Als je ouder ziek is in het hoofd of verslaafd, ervaar je als jongere meer frustraties, angsten en stresssituaties. Hierdoor is het stresshormoon in je bloed ook verhoogd en reageer je extra snel vanuit je 'Emotionele Ik' en kan het zijn dat je gedrag niet is zoals je het graag zou willen. In plaats van rustig te reageren, sta je ineens te huilen en gaat je hart als een gek tekeer, kun je ineens veel moeilijker ademhalen, ben je bang of scheld je iemand uit. Om je 'Emotionele Ik' in de hand te houden, kun je de hulp inroepen van de 'Eén-ding-tegelijk-doen Ik', de 'Redelijke Ik' en de 'Wijze Ik'. Hierdoor worden je zelfbeheersing, incasseringsvermogen en geduld groter en ga je je automatisch beter voelen. Hoe doe je dit?

- De 'Eén-ding-tegelijk-doen Ik': door je zoveel als mogelijk geconcentreerd bezig te houden met één ding tegelijk en je niet te laten afleiden door vervelend gedrag van een ander. Voorbeeld van hoe de Eén-ding-tegelijk-doen Ik kan denken: 'wanneer ik eet dan eet ik en reageer ik niet op het rotgedrag van een ander' of door te denken: 'iemand anders krijgt me niet van slag, dat laat ik gewoon niet gebeuren'.
- De 'Redelijke Ik' helpt je om begrip te hebben voor situaties of gedrag van de ander met gedachten als: 'ik kan me voorstellen dat mijn ouder zich zo gedraagt, want door de ziekte in het hoofd ga je rare dingen zeggen of doen'. Door je Redelijke Ik aan te spreken, merk je dat je de situatie gemakkelijker verdraagt en direct minder emotioneel reageert. Begrip hebben wil trouwens niet altijd zeggen dat je het gedrag van de ander ook goedkeurt!

- De 'Wijze Ik': door te zorgen dat een pijnlijke gebeurtenis of emotie niet nog erger wordt. Loop letterlijk uit de situatie weg als dit kan en houd je handen/armen/gezicht onder een ijskoude kraan of neem een douche. Kan dit niet, doe dit dan door in gedachten uit de situatie weg te gaan, door in je hoofd een tegengestelde emotie op te roepen, door vrolijke liedjes in je hoofd te gaan zingen, door aan iets anders/leuks te gaan denken, door domweg in gedachten tot 100 te tellen of verder, door eindeloos het alfabet te herhalen of in gedachten een beeld op te roepen waar jij blij van wordt. Bouw hiermee een muur op tussen jou en wat er om je heen gebeurt. Als je rustig bent geworden en je 'Redelijke Ik' weer aanwezig is, kun je, als je dat wilt, weer reageren op de ander.

3 Omgaan met vervelende gedachten of herinneringen

'Als je iemand niet uit je gedachten kunt houden, is het misschien omdat die persoon daar ook hoort te zijn'

3.1 Gevoelens bij vervelende gedachten of herinneringen

Herinneringen zijn gewoon gedachten die je hebt. Vaak zijn het gedachten waar je ook meteen wat bij voelt. Bij leuke herinneringen en gedachten moet je grinniken of lachen. Bij mooie herinneringen of gedachten word je warm of blij van binnen. Bij vervelende herinneringen of gedachten kun je merken dat je je boos of bang voelt. Ook kun je merken dat je wel iets denkt, maar er juist helemaal niets bij voelt, je denkt het alleen maar. Alsof je gevoel even niet meedoet. Hoe zit dat bij jou als je vervelende herinneringen/gedachten hebt? Probeer dit of in je hoofd te bedenken of in te vullen in tabel 3.1. Je zult merken dat je bij vervelende gedachten een rot gevoel kunt krijgen.

Oefening 3.1

Hoe zit dat bij jou als je vervelende herinneringen/gedachten hebt? Probeer dit of in je hoofd te bedenken of in te vullen in de lege ruimte in de tabel. Je zult merken dat je bij vervelende gedachten een rot gevoel kunt krijgen.

Tabel 3.1 Vervelende herinnering

vervelende herinnering	wat denk je bij die herinnering?	wat voel je bij die herinnering?

3.2 Je negatieve en verkeerde gedachten veranderen; hoe doe je dat?

'Als je denkt dat alles tegenzit, denk dan opnieuw'

'Iedere nieuwe dag geeft nieuwe kansen, ook voor jou'

Jongeren zoals jij denken al heel snel dat zij schuldig zijn aan het gedrag van hun ouder en dat ze verantwoordelijk zijn voor alle problemen. Voor alle duidelijkheid: dit is niet waar! De schuld bij jezelf zoeken is absoluut een verkeerde gedachte, want het zijn de hersenen van je ouder die niet goed werken en zelfs de meest slimme psychiaters weten nog niet goed wat er dan precies fout gaat in de hersenen van je ouder. In ieder geval ben jij daar niet schuldig aan! Misschien denk je dat je af en toe niet handig hebt gereageerd en dat kan waar zijn (want perfecte kinderen bestaan gelukkig niet), maar dat wil niet zeggen dat je de oorzaak bent van de problemen. Onthoud dat goed en knoop het in je oren! Zet desnoods op je slaapkamer een bordje met de tekst: 'Het is niet mijn schuld dat mijn ouder ziek is'. Iedere keer dat je toch weer even denkt dat het jouw schuld is, herinnert het bordje jou eraan dat je gedachte niet klopt. Okay?

Door alles wat je thuis meemaakt/hebt meegemaakt is de kans groot dat zich bij jou verkeerde/negatieve gedachten in je hoofd hebben genesteld. Gedachten die storend en vervelend zijn of je stemming negatief maken. Die ook maken dat je gedrag en levensplezier negatief ingekleurd worden. Of dat je helemaal geen puf meer hebt om je in te zetten voor een goede toekomst. Of dat je misschien zelfs wel veel te hard leert of werkt, om maar niet te hoeven denken aan thuis en om te bewijzen dat je iets wél onder controle hebt. Negatieve gedachten zijn als inktzwarte donderwolken die dag en nacht boven je hoofd hangen, zich in je hart nestelen en je verhinderen om van het leven te genieten. Dus: opruimen die handel!

Kijk in tabel 3.2 met negatieve gedachten welke gedachten jij herkent bij jezelf.

Oefening 3.2

Voorbeelden van negatieve gedachten waar je last van kunt hebben zie je in tabel 3.2. Zet een vinkje als je last hebt van deze gedachte. Misschien kom je zelf nog op andere negatieve gedachten, zet deze er dan bij.

Tabel 3.2 Negatieve gedachten waar je last van kunt hebben	
Niemand geeft om mij	
Ik ben waardeloos	
Ik kan niets	
Ik zie er niet uit	
Met mij gebeuren altijd alleen maar rot dingen	
Ik ben een mislukkeling	
Ik ben nog gekker dan mijn ouders	
Ik ben een slappeling	
ik kan alleen maar boos reageren	
Ik haal toch nooit mijn schooldiploma	
Niemand wil bevriend met mij zijn	
Ik vertrouw niemand meer	

ik kan beter dood zijn	
Ik wil mijn ouder nooit meer zien	
Ik zal zelf nooit een goede ouder kunnen zijn	
Ik kan beter in mijn bed blijven, want vandaag zal ook wel weer waardeloos zijn	
Ik haal op school toch alleen maar onvoldoendes voor mijn toetsen	
Wie ziet mij nou staan?	
Wie wil met mij nou een relatie hebben?	

Maar bedenk steeds: de wereld is mooier met jou (Loesje).

Het is nu heel belangrijk dat je je eigen negatieve gedachten leert kennen en gaat oefenen om deze te veranderen in een neutrale of in een helpende/positieve gedachte. Bij de eerste zinnen in tabel 3.3 wordt een voorbeeld gegeven van een neutrale of helpende/positieve gedachte. Natuurlijk zijn er veel meer neutrale of helpende gedachten te bedenken dan als voorbeeld zijn ingevuld. De kans is groot dat jij op een andere gedachte komt dan als voorbeeld is gegeven. Dat maakt helemaal niet uit. Belangrijk is dat jij jezelf helpt om neutrale of helpende gedachten te bedenken. Probeer bij alle zinnen neutrale én helpende gedachten te bedenken. Als je er niet uitkomt, ga dan op zoek naar iemand in je omgeving die je hiermee kan helpen. Misschien iemand in je gezin, of op school of in de buurt, of misschien een ander familielid. Kun je niemand bedenken en heb je een computer dan kun je je vraag ook stellen op de site www.kopstoring.nl of www.survivalkid.nl. Daar kun je inloggen om je vraag te stellen aan andere jongeren die ook ouders hebben met psychiatrische en/of verslavingsproblemen. Ook kun je via de site www.kopstoring.nl mailen met een hulpverlener en je vragen stellen.

Oefening 3.3

Probeer bij alle zinnen neutrale én helpende gedachten te bedenken.

Tabel 3.3 Negatieve gedachten veranderen in een neutrale of helpende/positieve gedachte	
Niemand geeft om mij	
neutraal	er zullen altijd mensen zijn die om me geven en mensen die niet om me geven
helpend/positief	
Ik ben waardeloos	
neutraal	
helpend/positief	ik weet dat van al die miljarden mensen op de wereld er heel veel zullen zijn die mij niet waardeloos vinden
Ik kan niets	
neutraal	okay, ik ben slecht in koken, maar weer wel goed in computeren
helpend/positief	
Ik zie er niet uit	
neutraal	
helpend/positief	
Met mij gebeuren altijd alleen maar rot dingen	
neutraal	
helpend/positief	
Ik ben een mislukkeling	
neutraal	
helpend/positief	
Ik ben nog gekker dan mijn ouder	
neutraal	
helpend/positief	
Ik ben een slappeling	
neutraal	
helpend/positief	
Ik kan alleen maar boos reageren	
neutraal	
helpend/positief	
Ik haal toch nooit mijn schooldiploma	
neutraal	
helpend/positief	
Niemand wil bevriend met mij zijn	
neutraal	
helpend/positief	
Ik vertrouw niemand meer	
neutraal	
helpend/positief	

Ik kan beter dood zijn	
neutraal	
helpend/positief	
Ik wil mijn ouder nooit meer zien	
neutraal	
helpend/positief	
Ik zal zelf nooit een goede ouder kunnen zijn	
neutraal	
helpend/positief	
Ik kan beter in mijn bed blijven want vandaag zal ook wel weer waardeloos zijn	
neutraal	
helpend/positief	
Ik haal op school toch alleen maar onvoldoendes voor mijn toetsen	
neutraal	
helpend/positief	
Wie ziet mij nou staan	
neutraal	
helpend/positief	
Wie wil met mij nou een relatie hebben	
neutraal	
helpend/positief	
Straks word ik ook zo	
neutraal	
helpend/positief	ik heb niet de hersenen van mijn ouder, ik heb mijn eigen hersenen en daar ben ik de baas over
Bedenk zelf een negatieve gedachte	
neutraal	
helpend/positief	
Bedenk zelf een negatieve gedachte	
neutraal	
helpend/positief	
Bedenk zelf een negatieve gedachte	
neutraal	
helpend/positief	

3.3
Bescherm jezelf

Als de negatieve emoties te hoog oplopen of als je je negatieve gedachten niet weg kunt krijgen, is het soms slim een denkbeeldige muur om jezelf heen te zetten. Zo maak je een extra afscheiding tussen je binnenwereld en de buitenwereld. Misschien doe je dit al lang, misschien heb je er (nog) geen ervaring mee. De bedoeling is dat de muur je beschermt tegen het gedrag van je ouder. Zet in gedachten een muur om je heen net zo hoog als je zelf bent en bedenk: het is de psychiatrische ziekte of verslaving die maakt dat mijn ouder zo reageert. Laat het vervelende gedrag van je ouder aan de buitenkant van de muur afglijden/afketsen, zodat het niet naar binnen kan komen. Bedenk daarbij steeds: ik heb even geen invloed op of schuld aan het gedrag van mijn ouder. Laat bij je ouder wat bij je ouder hoort, neem het niet over, laat het niet door jouw muur naar binnen komen.

3.4
Hoe word ik kalm?

Herhaal in gedachten of zeg de zin uit oefening 3.4 hardop, terwijl je langzaam spreekt, net zolang tot je weer rustig bent.

Oefening 3.4

'Iedere keer als ik tel van drie naar één voel ik me meer ontspannen. Drie, twee en één, drie, twee en één.'
Adem af en toe rustig diep in en langzaam weer uit, zonder dat je deze zin in gedachten of hardop zegt. Na de diepe in- en uitademing herhaal je dezelfde zin steeds weer. Je merkt misschien dat op een gegeven moment het steeds langzaam tellen van drie, twee, en één ook al voldoende is.

Oefening 3.5

(Zet eventueel een wekker op vijf minuten.)
Ga lekker liggen of zitten. Bepaal zelf of je je ogen openhoudt of dichtdoet.
Leg je handen op je buik, zodat je je ademhaling voelt.
Adem rustig tot aan je handen en voel/zie je handen naar boven komen, omdat je buik uitzet.
Adem rustig uit en voel je buik platter worden.
Tel bij het in- en uitademen steeds rustig van 21 tot 24.
Probeer te voelen dat je lichaam zich ontspant.
Concentreer je op je voeten en voel ze zwaarder worden.
Concentreer je op je benen en voel ze zwaarder worden.
Concentreer je op je rug en voel hem zwaarder worden.
Concentreer je op je handen en voel ze zwaarder worden.
Concentreer je op je armen en voel ze zwaarder worden.
Concentreer je op je hoofd en voel het zwaarder worden.
Probeer dan te denken aan een plek waar je je heel ontspannen voelt; bijvoorbeeld een warm strand, het ruisen van de zee, de zon op je gezicht, terwijl je op een luchtbedje dobbert op zee.

3.5
Opkomen voor mezelf is belangrijk. Hoe doe ik dat?

'Je heb twee levens: je eigen leven en dat wat anderen er van maken'

Voor jezelf opkomen doe je vanbinnen door anders te gaan denken en door vanbuiten te werken aan je gedrag en je uitstraling. Want je gedrag en uitstraling bepalen hoe je op een ander overkomt.

Er zijn drie manieren waarop je op een ander kunt overkomen:
A. *agressief:* je komt op voor je mening, maar houdt geen rekening met de ander.
   Voorbeeld: 'Klootzak, houd je mond, ik ben aan het woord.'

B. *subassertief*: je komt niet op voor je eigen mening, denkt van alles, maar zegt het niet, je kreunt en steunt misschien wat, zit alleen wat te friemelen en onrustig te bewegen, maar je houdt wel rekening met de ander, zelfs veel te veel.
C. *assertief*: je komt op voor je eigen mening en houdt ook rekening met de ander. Voorbeeld: 'Wacht even, ik snap best dat je ook wat wilt vertellen, maar ik was aan het woord. Ik wil eerst mijn verhaal vertellen, dan mag jij daarna.'

Welke manier gebruik jij meestal? Als je het op manier C doet, ben je al heel goed bezig. Manier A geeft alleen maar meer problemen en manier B houdt alles in stand zoals het ging. Op de goede manier voor jezelf opkomen valt dus onder C: assertief zijn. Maar hoe doe je dat? Je kunt kijken naar je non-verbale gedrag: wat stralen je lichaamshouding en je gezichtsuitdrukking uit en naar je verbale gedrag: hoe zeg je iets, met welke woorden en hoe hard of hoe zacht. Hoe beter je woorden en je uitstraling met elkaar overeenkomen, hoe krachtiger je boodschap zal zijn. Kortweg, je non-verbale gedrag is hoe de ander je ziet en je verbale gedrag hoe de ander je hoort.

Hier volgen een paar tips om je non-verbale (je uitstraling, hoe de ander je ziet) gedrag te verbeteren.
- *Oogcontact.* Kijk de ander aan als je praat. Kijk je af en toe toch weg, kijk de ander dan daarna weer aan, vooral als je een voor jou belangrijke zin uitspreekt en je wilt dat de ander naar je luistert. Voorkom dat je gaat zitten staren!
- *Gezichtsuitdrukking.* Zorg dat je gezichtsuitdrukking past bij wat je zegt. Dus niet lachen als je tegen iemand zegt dat je boos op hem bent of als je tegen iemand zegt dat die je pijn heeft gedaan met woorden of letterlijk door geweld te gebruiken. Laat met je gezicht zien dat je het serieus meent wat je bedoelt.
- *Houding.* Neem een open, ontspannen houding aan, gericht naar de ander tegen wie je wat wilt zeggen. Doe dit ook als je je vanbinnen helemaal niet open en ontspannen voelt. Spreek jezelf ondertussen moed in door tegen jezelf te zeggen: 'ik ben de koning of koningin en ik kan een open blik en houding aannemen'. Zorg dat je lichaam niet is weggedraaid van de persoon tegen wie je wat wilt zeggen. Zit of sta rechtop, vooral niet onderuitgezakt of spelend met je mobiel of afstandsbediening (kun je er ook niet mee gooien als je je zelfbeheersing verliest en zal de ander je sneller serieus nemen). Kin naar voren, ogen niet naar de grond gericht. Probeer je armen en benen te ontspannen, houd ze niet stijf over elkaar. Als je loopt, denk er dan aan om je hoofd rechtop te houden, je kin omhoog en borst vooruit. Kijk niet steeds naar beneden naar de grond waar je loopt, maar kijk om je heen. En hoe bang of gestrest je je ook voelt: bijt je tanden of lippen niet hard op elkaar. Laat je onderkaak iets hangen, dan lijkt je gezicht meer ontspannen. Oefen dit voor de spiegel!
- *Afstand.* Bepaal zelf welke afstand tussen jou en de ander prettig is om te praten. Trek hiervoor een denkbeeldige cirkel om je heen en zeg 'stop' als de ander in jouw cirkel komt en je dat niet wilt. Leg de ander uit waarom je 'stop' zegt.

Tips om je verbale (alles wat je zegt, hoe de ander je hoort) gedrag te verbeteren:
- *Stemvolume.* Praat luid, duidelijk en niet te snel. Vermijd te fluisteren of te schreeuwen. Praat op wisselende toonhoogte, dan klinkt wat je zegt niet vlak maar echt gemeend.
- *Luisteren.* Doe je best om actief te luisteren naar wat de ander zegt. Geef in eigen woorden weer wat je de ander hebt horen zeggen. Bijvoorbeeld: 'heb ik het goed begrepen dat je zei...', gevolgd door bijvoorbeeld 'je zei dat wel, maar ik blijf vinden dat...'. Hierdoor merkt de ander dat je echt luistert en doet die hopelijk zijn best om ook echt naar jou te luisteren.
- *Als iemand iets vervelends heeft gezegd of gedaan.* Begin je zin steeds met 'ik', gevolgd door hoe je je voelt en wat je vervelend vindt en hoe je het in het vervolg wilt. Bijvoorbeeld: 'Ik voel me heel rot en verdrietig als je me uitscheldt voor..., ik zou het

fijn vinden als je daarmee stopt.' Natuurlijk luistert iemand niet meteen naar je (vooral niet als het een héél vervelend persoon is), maar jij kunt ondertussen mooi oefenen om voor jezelf op te komen door dit soort zinnen te gebruiken. Geleidelijk aan zul je merken dat er mensen zijn die wél naar je gaan luisteren.

- *Kondig met woorden aan welk gedrag je gaat inzetten als de ander geen rekening met je houdt en doe dit dan ook.* Bijvoorbeeld thuis tegen een lastige broer of zus: 'Als je nu niet stopt met klieren, mag je de komende drie dagen niet op mijn computer.' Of op school: 'Als je me weer slaat of uitscheldt, ga ik naar de mentor en vraag om een gesprek met mij, de mentor en jou, desnoods met je ouders erbij, kunnen ze horen hoe jij je gedraagt.'
- *Oefen om op goede manier 'nee' te zeggen.* Bedenk eerst dat je het recht hebt om 'nee' te zeggen, niemand heeft het recht om je te dwingen iets tegen je zin te doen. Prent deze gedachte in je hoofd! Want als je geen 'nee' durft te zeggen, ga je steeds meer dingen tegen je zin doen. Misschien omdat je bang bent dat de ander negatief reageert of boos wordt, of dat de ander je niet meer aardig vindt. Geen 'nee' durven zeggen bezorgt je vaak een hoop frustratie en ergernis, wat niet goed voor je is. Dus: oefen in 'nee' zeggen. Tips hierbij: kijk de ander aan als je 'nee' zegt, spreek duidelijk, geef een korte uitleg waarom je 'nee' zegt, word niet agressief, maar blijf wel vasthouden aan je 'nee'. Toon begrip als de ander teleurgesteld is, maar verander niet van mening. Verzin geen smoezen, blijf eerlijk waarom je iets niet wilt. Blijft de ander doordrammen, zeg dan: 'Ik vind het vervelend dat je zo blijft doordrammen, wil je daarmee stoppen.' Stopt de ander nog niet, beëindig het gesprek dan, ga wat anders doen of loop weg.
- Vermijd woorden als 'nooit' en 'altijd' en zeg niet 'jij bent...' maar 'ik vind...' en niet 'jij moet...' maar 'ik wil dat...'.

4 Omgaan met gevoelens

4.1
Ik weet niet hoe ik me voel

> 'Ik heb het gevoel dat mijn gevoel het ook niet weet'

> 'Mijn moeder belt me continu, ook als ik op school zit. Ik word er gek van en druk haar vaak weg. Maar daar voel ik me dan weer schuldig over'

> 'Mijn vader zegt dingen tegen mensen op straat waar ik me dood voor schaam'

Om er achter te komen hoe je je voelt en waar je tegenaan loopt, helpt het invullen van tabel 4.1. Je merkt dan waar je vooral last van hebt. Denk er bij het invullen niet te lang over na, vertrouw erop dat je eerste ingeving de juiste is. Na het invullen zie je zelf direct waar je last van hebt of tegenaan loopt. Misschien kun je hiervoor direct oplossingen bedenken, misschien is het prettig om er nog even over na te denken, misschien wil je het er met iemand over hebben. Kies wat voor jou het prettigst voelt op dit moment. Later kun je er altijd weer anders over denken, geef jezelf die ruimte.

Oefening 4.1

Omcirkel in de tabel wat het meest op je van toepassing is om er achter te komen hoe je je voelt en waar je tegenaan loopt.

Tabel 4.1 Wat voel ik of waar loop ik tegenaan?	
Ik voel me thuis veilig	altijd/vaak/soms/nooit
Ik voel me thuis eenzaam	altijd/vaak/soms/nooit
Ik ben thuis nooit bang	altijd/vaak/soms/nooit
Ik voel me thuis machteloos	altijd/vaak/soms/nooit
Ik voel me thuis blij	altijd/vaak/soms/nooit
Ik voel me thuis schuldig aan de situatie	altijd/vaak/soms/nooit
Ik voel me thuis boos	altijd/vaak/soms/nooit
Ik heb het gevoel dat ik moet zorgen dat de boel gesust blijft	altijd/vaak/soms/nooit
Ik schaam me voor wat thuis gebeurt	altijd/vaak/soms/nooit
Ik voel dat ik verstandiger/wijzer moet zijn dan mijn ouder	altijd/vaak/soms/nooit
Ik heb thuis last van spanningen/zenuwen	altijd/vaak/soms/nooit
Ik ben het liefst weg van huis	altijd/vaak/soms/nooit
Ik heb hulp voor mezelf gekregen	altijd/vaak/soms/nooit
Ik denk erover een eind aan mijn leven te maken	altijd/vaak/soms/nooit

Ik heb uitleg gekregen over wat er met mijn ouder aan de hand is	altijd/vaak/soms/nooit
Ik ben bang dat ik hetzelfde kan krijgen als mijn zieke ouder	altijd/vaak/soms/nooit
Ik kan met iemand praten over wat ik meemaak/denk/voel	altijd/vaak/soms/nooit
Ik heb moeite met naar school gaan	altijd/vaak/soms/nooit
Ik verzuim van school	altijd/vaak/soms/nooit
Ik haal goede cijfers op school	altijd/vaak/soms/nooit
Ik heb last van pijn ergens in mijn lichaam (waar?)	altijd/vaak/soms/nooit
Ik heb goed contact met mijn leeftijdgenoten op school	altijd/vaak/soms/nooit
Ik heb problemen met de jongeren in de buurt	altijd/vaak/soms/nooit
Ik vertel aan iemand wat er thuis aan de hand is	altijd/vaak/soms/nooit
Ik neem/moet huishoudelijke taken (bijv. boodschappen doen, schoonmaken, koken) van mijn zieke ouder overnemen	altijd/vaak/soms/nooit
Ik beheer het huishoudgeld	altijd/vaak/soms/nooit
Ik kan met mijn zieke of gezonde ouder praten over de ziekte of verslaving van mijn ouder	altijd/vaak/soms/nooit
Ik weet wat de diagnose van mijn zieke ouder is	ja/nee

4.2
De buienradar

Door alles wat je voelt en meemaakt kan je humeur net zo wisselvallig worden als het weer. Op je eigen buienradar weet je zelf maar al te goed welke buien je kunt hebben. Er zijn allerlei soorten buien. Er zijn boze buien/ verdrietige buien/ opstandige buien/ gesloten buien/ opgewekte buien/ 'het waait wel weer over' buien/ 'ik ga naar buiten' buien/ 'waar bemoei je je mee' buien/'ik kan er toch niets aan doen' buien/ 'er moet iets kapot' buien/ 'ik kap er mee' buien/ 'zoek het allemaal maar uit' buien/ 'laat me even uitwaaien' buien. In welke buien herken je jezelf?

4.3
Hoe zit dat met die emoties?

Om te beginnen bedoelen we met de woorden 'emotie' en 'gevoel' hetzelfde. Hier wordt steeds het woord 'emotie' gebruikt, maar je kunt net zo goed het woord 'gevoel' gebruiken, als dat je voorkeur heeft. Alle emoties hebben als bron dat je je machteloos voelt of niet. Voel je je machteloos dan heb je het gevoel dat je geen invloed hebt op wat er gebeurt. Dit komt in het leven nogal eens voor. Stel, je loopt buiten en ineens gaat het plenzen van de regen. Vervelend, je kunt je dan wel machteloos voelen, omdat je nat wordt en balen dat je geen paraplu bij je hebt, maar het is niet het einde van de wereld en je zult niet zo gauw gaan huilen. Dit gebeurt wel als je je machteloos voelt wanneer iemand iets negatiefs zegt of doet wat met jou als persoon te maken heeft of als iets of iemand beschadigd wordt/kwijtraakt waar je erg aan gehecht bent. Dan kunnen de tranen van machteloosheid ineens over je wangen rollen. Waarom? Omdat de hersenen dan een stofje aanmaken dat voor tranen zorgt. Dit is dan geen verdriet, maar dit zijn tranen van machteloosheid. Dit soort machteloosheid geeft samen met deze tranen bij iedereen vanbinnen een opgefokt gevoel. Je voelt je hierdoor vanbinnen boos worden, er komen allerlei negatieve gevoelens in je op, je hebt steeds minder zelfbeheersing, je boosheid groeit en ineens ben je woedend. Je woede kan zo heftig zijn dat je in drift terechtkomt, ook wel negatieve agressie genoemd. Dan ben je zo verschrikkelijk boos, dan moet er gewoon iets kapot. Letterlijk door iemand te slaan of iets kapot te gooien, een zelfmoordpoging te doen, jezelf te snijden of je vuist tegen de muur kapot te slaan. Figuurlijk door jezelf af te kraken, met je stemming in de put te zakken of de sfeer in huis te verzieken. Dit alles leidt alleen maar tot nog grotere machteloosheid en problemen. Een betere weg is je woede als gevolg van machteloosheid om te zetten in positieve agressie. Dus niet ontploffen in drift, maar je woede omzetten in positieve vechtlust. Zet je tanden in je schoolwerk, ga bij gymles of je sportclub of bij het voetballen op straat lekker fanatiek tekeer tot het zweet over je rug loopt. Of lees paragraaf 3.5 nog eens over opkomen voor jezelf op een positieve manier.

4.4
Hoe regel ik mijn emoties/gevoelens?

We kennen positieve en negatieve emoties. Positieve emoties zijn bijvoorbeeld blij, gelukkig, verliefd, van iemand houden, vreugde, je opgelucht voelen, je gesteund en begrepen voelen, je veilig en vertrouwd voelen. Negatieve emoties zijn bijvoorbeeld boosheid, agressie, teleurstelling, machteloosheid, frustratie, het gevoel afgewezen of niet geliefd te zijn, verdriet, angst, schaamte, schuldgevoel, het gevoel uitgelachen of gepest te worden, je buitengesloten voelen, je onveilig voelen of misbruikt voelen, het gevoel alleen op de wereld te zijn, het gevoel beter dood te kunnen zijn. Misschien ken je nog meer negatieve gevoelens.
Positieve gevoelens zijn gemakkelijker te uiten of onder woorden te brengen. Negatieve gevoelens belemmeren je om op de juiste wijze onder woorden te brengen wat je voelt.
Bedenk van welke negatieve emoties jij last hebt, omdat iets te veel pijn doet, je van slag maakt, je leven te veel beheerst of het je verhindert om je gelukkig of tevreden te voelen. Aan deze emoties moet gewerkt worden!

Oefening 4.2

Zet in tabel 4.2 een kruisje achter de negatieve gevoelens die je bij jezelf herkent en vul de lijst aan als je ook nog andere negatieve gevoelens hebt.

Tabel 4.2 Negatieve gevoelens		
boosheid		
agressie		
machteloosheid		
gevoel afgewezen te zijn		
gevoel niet geliefd te zijn		
verdriet		
angst/bang zijn		
schaamte		
schuldgevoel		
gevoel uitgelachen te worden		
gevoel gepest te worden		
buitengesloten voelen		
gevoel alleen op de wereld te zijn		
onveilig voelen		

misbruikt voelen	
gevoel beter dood te kunnen zijn	

Oefening 4.3

Na het invullen van de tabel over negatieve gevoelens kies je als oefening één gevoel uit, waarbij je stap voor stap nagaat:
- Wanneer had je dit gevoel?
- Met wie was je?
- Wat gebeurde er?
- Welke gedachte had je toen?
- Wat was je eerste reactie op dit gevoel?
- Wat heb je in werkelijkheid gedaan?
- Heeft het geholpen wat je in werkelijkheid deed? Zo ja, prima gedaan.
- Zo nee, wat moet anders?

Met deze kennis op zak ga je inzien welke reactie van jezelf helpt in verschillende situaties en welke reactie niet helpt en bij welke mensen wel of niet. En in welke gevallen je op zoek moet naar andere oplossingen/eigen reacties op een negatief gevoel of in welke omgeving je wel krijgt wat je wilt en waar niet. Je zult ook merken dat het belangrijk blijft hoe de omgeving op jouw emotie en gedrag reageert.

Voorbeeld
Gevoel: ik was verdrietig.
Wanneer had ik dit: toen ik een proefwerk Nederlands had.
Met wie was ik: mijn eigen klasgenoten.
Wat gebeurde er: ik wist ineens niets meer, kon alleen nog maar aan de ruzie vanochtend thuis denken.
Wat dacht je: dat ik wel goed had geleerd en het gisteren allemaal nog wist.
Mijn eerste reactie op het verdrietige gevoel: heel erg vanbinnen vloeken.
In werkelijkheid gedaan: huilend de klas uitgelopen.
Heeft dit me geholpen of kwam ik meer in de problemen? Ja, het hielp want een leraar op de gang sprak me aan en toen kon ik vertellen wat er aan de hand was. Nee, het hielp niet, want ik mocht het proefwerk niet overmaken, had beter kunnen blijven zitten.

Vul nu tabel 4.3 in. Links schrijf je het negatieve gevoel op en in de rechter kolom probeer je de vragen te beantwoorden.

negatief gevoel		antwoord
Tabel 4.3 Stap voor stap nagaan bij negatief gevoel		
_____ _____ _____	Wanneer had je dit gevoel?	
	Met wie was je?	
	Wat gebeurde er?	
	Welke gedachte had je toen?	
	Wat was je eerste reactie op dit gevoel?	
	Wat heb je in werkelijkheid gedaan?	
	Heeft het geholpen wat je in werkelijkheid deed? Zo ja, prima gedaan. Zo nee, wat moet anders?	

negatief gevoel		antwoord
_____ _____ _____	Wanneer had je dit gevoel?	
	Met wie was je?	
	Wat gebeurde er?	
	Welke gedachte had je toen?	
	Wat was je eerste reactie op dit gevoel?	
	Wat heb je in werkelijkheid gedaan?	
	Heeft het geholpen wat je in werkelijkheid deed? Zo ja, prima gedaan. Zo nee, wat moet anders?	
_____ _____ _____	Wanneer had je dit gevoel?	
	Met wie was je?	
	Wat gebeurde er?	
	Welke gedachte had je toen?	
	Wat was je eerste reactie op dit gevoel?	
	Wat heb je in werkelijkheid gedaan?	
	Heeft het geholpen wat je in werkelijkheid deed? Zo ja, prima gedaan. Zo nee, wat moet anders?	

5 Thuissituatie

5.1 Hoe is het bij mij thuis?

'Ik denk dat zoals het bij mij thuis gaat dat dat bij iedereen gebeurt. Of toch niet?'

'Ik neem echt geen vrienden of vriendinnen mee naar huis. Ik zou me rot schamen!'

'Bij thuiskomst check ik altijd eerst hoe de vlag erbij hangt. Ben ik heel goed in geworden'

Oefening 5.1

Omcirkel in tabel 5.1 hoe het bij jou thuis is, zodat je na het invullen in één oogopslag kunt zien hoe het er bij jullie thuis aan toe gaat. Er is ook ruimte om dingen op te schrijven die niet worden genoemd. Want misschien zijn er over bij jou thuis of over jezelf ook nog andere dingen die je wilt noemen. Misschien is je ouder inmiddels genezen, maar zijn er toch nog dingen die jij vervelend vindt en anders zou willen. Na het invullen kun je zien aan welke dingen jij misschien iets kunt doen en welke dingen absoluut niet door jou zijn te beïnvloeden. Misschien kun je wel iets aan de sfeer thuis doen of naar een ander luisteren, maar niets aan het geweld of de verslaving. Waar je niets aan kunt doen, is hulp van anderen nodig. Bedenk wie je zou kunnen inschakelen.

Tabel 5.1 Bij mij thuis	
is er een gezellige sfeer	altijd/vaak/soms/nooit
luisteren we naar elkaar	altijd/vaak/soms/nooit
heeft mijn vader interesse in mij	altijd/vaak/soms/nooit
heeft mijn moeder interesse in mij	altijd/vaak/soms/nooit
doen we of er helemaal niets aan de hand is	altijd/vaak/soms/nooit
helpt mijn vader mij als ik problemen heb	altijd/vaak/soms/nooit
helpt mijn moeder mij als ik problemen heb	altijd/vaak/soms/nooit
durf ik vrienden mee naar huis te nemen	altijd/vaak/soms/nooit
maken mijn ouders ruzie	altijd/vaak/soms/nooit
is het huishouden op orde	altijd/vaak/soms/nooit
is er gebrek aan geld	altijd/vaak/soms/nooit
is er agressie/geweld tegen elkaar	altijd/vaak/soms/nooit
wordt iemand seksueel misbruikt (wil je ook zeggen wie wordt misbruikt?)	altijd/vaak/soms/nooit
wordt iemand mishandeld (wil je ook zeggen wie wordt mishandeld?)	altijd/vaak/soms/nooit

is mijn vader onder invloed van drank of drugs	altijd/vaak/soms/nooit
is mijn moeder onder invloed van drank of drugs	altijd/vaak/soms/nooit
is er een ouder die criminele dingen doet (wie?)	altijd/vaak/soms/nooit
is er hulpverlening geweest voor mijn zieke ouder	altijd/vaak/soms/nooit
is er ruzie met de buren	altijd/vaak/soms/nooit
zijn er meer mensen met een psychiatrische ziekte of verslaving (wie?)	ja/nee

Tot nu toe ben je in dit werkboek bezig geweest met tips van andere KOPP/KVO-jongeren, met hoe je moeilijke momenten kunt doorkomen, wat te doen met negatieve gedachten en negatieve gevoelens en hoe je voor jezelf kunt opkomen. Daarnaast heb je lijstjes ingevuld over je gevoelens en hoe het met je is. Ook heb je ingevuld hoe het er bij jou thuis aan toe gaat. Laten we nu eens kijken welke psychiatrische of verslavingssymptomen je ouder heeft. Je hebt namelijk niet alleen met jezelf en je ouder te maken, maar ook nog eens met allerlei symptomen die bij de psychiatrische problemen of verslaving van je ouder horen en hun uitwerking hebben op jouw buien en hoe het er thuis bij jou aan toe gaat.

5.2
Psychiatrische symptomen van mijn ouder(s) waar ik last van heb

'Het heeft best wel lang geduurd, voordat ik besefte dat er niet met mij maar iets met mijn vader of moeder aan de hand was'

'De boze buien van mijn vader zijn echt veel erger dan gewoon een beetje kwaad zijn'

'Mijn vader hoort wel eens stemmen, maar ik hoor nooit wat'

Er zijn vele gedragingen en symptomen (ziekteverschijnselen) waaraan je herkent of iemand psychiatrisch ziek is of verslaafd. Uitleg wat alles precies betekent kun je vinden in paragraaf 9.1. We weten dat al deze symptomen kunnen zorgen voor een vervelende, angstige of onveilige thuissituatie. Belangrijk om te weten is hoe jij je thuissituatie ervaart en vooral hoe je ermee omgaat. Voor het leven van alledag is het natuurlijk heel belangrijk hoe heftig de symptomen van je ouder zijn en op welke leeftijd je er als kind mee te maken krijgt, hoe lang het duurde en hoe/of je erbij betrokken bent. Ook is het belangrijk of er mensen zijn die op de hoogte zijn van de problemen thuis en je kunnen helpen of steunen.
Als je tabel 5.2 en 5.3 hierover doorleest, herken je daarin misschien het gedrag van je zieke ouder. Misschien schrik je wel, omdat je zelf ook last hebt van dingen uit de rijtjes. Probeer er toch doorheen te gaan en eerst te kijken wat je bij je ouder(s) herkent. Later komen we te spreken over symptomen bij jezelf waar je last van kunt hebben. Door de lijstjes in te vullen ga je zien welke symptomen je ouder(s) heeft/hebben en of jij last hebt/hebt gehad van bepaalde symptomen. Als je het lijstje van symptomen doorneemt, snap je dat het voor iemand die ziek in het hoofd is knap lastig is om ook nog een goede opvoeder te zijn.

Oefening 5.2

Na het doorlezen ga je de twee tabellen invullen om te zien wat er bij jouw vader of moeder past/paste. Als je nog iets mist, vul je het in op de lege lijnen. Verder vul je in hoe erg het je stoort/heeft gestoord met cijfers van 1 (heel weinig) tot 10 (heel veel) Als je dat wilt, kun je in de laatste rij vast invullen waar je zelf last van hebt.

Tabel 5.2 Psychiatrische symptomen bij je ouder					
	vader	stoort het je?	moeder	stoort het je?	heb je dit zelf?
denkstoornis/waan					
hallucinatie					
verwardheid					
psychose					
paranoïdie					
depersonalisatie					
derealisatie					
dissociatie					
dwangklachten					
vrees/fobie					
'levensmoe'					
zelfmoordplannen/ zelfmoordpogingen/ zelfdoding					
sombere buien/huilbuien/ depressief					
ziekelijk opgewekt/ vreemde lachbuien/ overdreven actief					

	vader	stoort het je?	moeder	stoort het je?	heb je dit zelf?
passief/nergens meer interesse in					
angsten, voor gewone of voor ongewone dingen					
slaapstoornis					
eetstoornis					
agressie op zichzelf gericht					
mishandelen, seksueel misbruiken					
bizar gedrag/ wereldvreemd					
verwaarlozing					
vreemde lichamelijke klachten					
met niemand contact willen/hebben (= sociaal isolement)					

Tabel 5.3 Verslavingssymptomen bij je ouder					
	vader	stoort het je?	moeder	stoort het je?	zelf verslaafd?
verslaving ontkennen					
vaak onder invloed					
ander aanwijzen als schuldige					
beloven te stoppen, niet doen					
lichamelijke klachten					
afspraken en beloftes niet nakomen					
informatie geven die niet is te vertrouwen					
zich gedragen als een lastig kind					
alleen maar bezig met verslaving					
criminele dingen doen					

5.3
Waar gaat het mis bij mij thuis?

Kijk maar wat er kan veranderen in het gezinsleven van de ouders en hun kinderen.

Oefening 5.3

Terwijl je het rijtje hierna doorleest, omcirkel je de nummers van de zinnen die passen bij het gezinsleven van jou, je ouders en misschien nog broer(s) of zus(sen). Bij nummer 11 en 12 kun je opschrijven wat jou is opgevallen aan jullie gezinsleven, maar wat niet in een van de zinnen staat.

1. Het contact tussen jou en je ouders verandert: het gezin van vroeger is er niet meer.

2. Als er meer kinderen in het gezin zijn, kunnen jullie óf meer ruzie hebben en van elkaar verwijderd raken óf jullie band wordt sterker.

3. Het contact met de rest van de familie verandert: óf je ziet je familie niet meer, omdat er ruzie is ontstaan tussen je ouder(s) en de familie óf ze komen vaker langs om te helpen. Dit laatste gebeurt helaas veel minder.

4. Het gezinsleven is 'een puinhoop' op het gebied van emoties, gedrag van iedereen, organisatie en financiën.

5. De aandacht en zorg gaan naar de zieke ouder en niet of veel te weinig naar de kinderen.

6. Er sluipen angst en onzekerheid in het gezinsleven en er gebeuren erg heftige dingen, die krassen op je ziel geven.

7. Er is verdriet (rouw) om verlies van de gezondheid van de zieke ouder en om het verlies of ontbreken van een gelukkig gezinsleven.

8. Door de onrust in het gezin is het voor jou als kind moeilijk om stabiele stappen vooruit te zetten in je eigen ontwikkeling.

9. Er is ontstaan/ontstaat een ongelijkwaardige relatie tussen je ouders, waardoor ouders relatieproblemen/ruzies kunnen krijgen of uit elkaar zijn, terwijl jij er als kind tussenzit.

10. Er komt minder geld in de portemonnee en er is onvoldoende geld om jou als kind te voeden, te kleden, op schoolreisje te laten gaan of zakgeld te geven. Bij alcohol- of drugsverslaving is er vreemd genoeg altijd wel geld om alcohol of drugs te kopen.

11. _____

12. _____

6 Je toekomst

'Iedere nieuwe dag geeft nieuwe kansen, ook voor jou'

6.1 Levenslijn

'Het leven is als zeilen. Ook met tegenwind kun je vooruitgaan'

Waar we het nog helemaal niet over hebben gehad is hoe jij als kind bent en hoe oud je was toen de psychiatrische en/of verslavingsproblemen bij je ouder begonnen. Heb je een heftig temperament en ben je snel boos? Of ben je juist erg stil en naar binnen gekeerd? Was je een baby toen je moeder een depressie had of ben je een zestienjarige puber met een depressieve, alcoholistische borderline moeder? De baby (volledig afhankelijk van de zorg van de ouder) zal op een andere manier last hebben van de depressie van de moeder dan de zestienjarige. Een naar zelfstandigheid snakkend opstandig kind zal op een andere manier last hebben van de inperkende dwanghandelingen van de moeder dan een volgzaam kind dat in alle stilte zijn/haar eigen weg zoekt. Hoe was/is dat bij jou? Hoe oud was je toen de problemen begonnen? Op welke leeftijd stopten de problemen of zijn ze nooit overgegaan? Heb je akelige herinneringen aan wat je thuis hebt meegemaakt, die je maar niet kunt vergeten? Weet je nog op welke leeftijd deze akelige herinneringen zijn ontstaan? Heb je altijd

thuis gewoond of ben je uit huis geplaatst (geweest)? Heb je misschien wel in een blijf-van-mijn-lijf-huis gezeten? Het kan zijn dat je er nu liever niet over wil nadenken en het liever wegduwt. Dat is ook goed. Het kan later altijd nog. Als je er nu wel over wilt nadenken, kun je de levenslijn invullen. Ook weet je misschien nog of je ouder is opgenomen geweest in een psychiatrisch ziekenhuis of met een ambulance van huis is weggehaald of dat de politie ineens op de stoep stond, omdat je ouder iets ergs was overkomen. Jijzelf weet wat je wel of niet hebt meegemaakt; probeer dit zo veel mogelijk in te vullen op je levenslijn. Misschien wordt het heel overzichtelijk, misschien wordt het een chaos. Kijk ook wie of wat helpend was om erdoorheen te komen op de momenten dat er iets gebeurde in je leven. Het kan zijn dat je, terwijl je dit doet, van alles gaat voelen waar je van schrikt of wat je niet wilt voelen. Probeer niet te schrikken van deze gevoelens, maar ze er gewoon te laten zijn. Want het kan ook opluchten om je gevoelens gewoon naar buiten te laten komen in plaats van ze weg te stoppen. Kijk maar wat er gebeurt als je je levenslijn invult. Misschien heb je meer papier nodig om op te schrijven wat je hebt meegemaakt, misschien niet. Daarom zie je nu twee lege bladzijden waar je je verhaal kunt opschrijven als je te weinig ruimte bij de levenslijn hebt. Als je dat wilt, mag je ook een tekening maken over wat je hebt meegemaakt of zomaar een tekening die in je opkomt. Of misschien komt er ineens een tekst van een liedje in je hoofd op dat je wilt opschrijven. Of een gedicht. Misschien wil je die bladzijden gewoon leeg laten. Ook goed. Zie maar wat je prettig vindt.

Oefening 6.1 Levenslijn maken

geboorte   nu

6.2
Steun vragen of nodig hebben

'Soms wil ik gewoon even terechtkunnen bij mijn moeder. Maar zij is vaak alleen maar met zichzelf bezig. Maar naar wie moet ik dan?'

Denk eens na over bij wie jij terechtkunt als je hieraan behoefte hebt. Anderen in je gezin? Misschien een broer of zus? Misschien een gezonde ouder? Of iemand van school of de club? Of een oma of opa? Of een buurvrouw? Iemand van de kerk misschien? Vriend of vriendin; wie dan ook. Probeer te bedenken wie die persoon is aan wie je wat hebt. En neem je dan voor om die persoon in vertrouwen te nemen. Vaak is de eerste stap het moeilijkst. Heb je die eenmaal gezet, dan gaan de gesprekken daarna steeds gemakkelijker. Het kan helpen als je voor jezelf op papier zet wat je wilt zeggen. Over welke onderwerpen je wilt praten. Dit papier heb je dan bij je als je aan een gesprek begint.
Maar welke openingszin is dan handig? Hier zijn wat voorbeelden:
- Ik wil graag met u/jou praten over wat er bij mij thuis gebeurt. Het heeft met mijn vader/moeder te maken. Over hem/haar praten is niet makkelijk voor mij, maar ik wil het wel proberen. Kan dat nu of op een andere tijd of dag? En hoe laat dan als het nu niet kan?
- Ik zit met dingen van thuis in mijn hoofd en daar moet ik steeds aan denken. Ik wil daar met u/jou over praten. Kan dat?
- Ik wil praten over wat er met mijn vader/moeder aan de hand is en dat ik daar last van heb. Kan dat?
- Ik merk dat ik op school veel ruzie heb of wordt buitengesloten, dat vind ik vervelend. Ik zou willen dat dit anders wordt. Misschien komt het ook wel door wat ik thuis meemaak dat ik niet weet hoe ik me moet gedragen. Ik wil daar met u/jou over praten. Kan dat?

6.3
Hoe kan ik toegroeien naar een betere toekomst voor mezelf?

'Als je niet naar voren stapt, zul je altijd op dezelfde plek blijven staan'

Besef dat je leven vroeger en nu niet altijd makkelijk was/is, maar dat dit niet mag betekenen dat ook je toekomst lastig blijft door de gezinsomstandigheden waarin je bent opgegroeid. Vergeten zul je het nooit, maar zorg dat wat er in het verleden is gebeurd of nu nog gebeurt niet in je toekomstig leven de boventoon blijft voeren. 'Krassen' zullen er altijd blijven, maar ze mogen niet al je dagen kleuren of steeds op de voorgrond staan. Probeer toe te werken naar het moment dat je kunt denken en voelen: 'okay, ik heb heel wat dingen meegemaakt die ik liever niet had meegemaakt, maar nu is de tijd aangebroken om voor mezelf te kiezen. En niet bezig te blijven met de psychiatrische of verslavingsproblemen van mijn ouder en alles wat ik daardoor heb meegemaakt. Ik zal altijd het kind van mijn ouders blijven en me met hen verbonden blijven voelen (positief of negatief), maar Ik ben Ik en ik kan/ga los van mijn ouders een eigen leven opbouwen. Nu is het mijn tijd om mijn leven in te vullen zoals *ík* het wil en waar *ík* me goed bij voel. Vanaf nu ben *ík* belangrijk en nummer één en niet de omstandigheden om me heen.' Misschien is vandaag wel de dag dat je dat besluit neemt. Misschien dat het nog even duurt, maar eens zul je die beslissing nemen. En als je de eerste stap zet, volgt de tweede vanzelf! En bedenk dat je sterker bent en meer lef hebt dan je misschien denkt, gelet op de dingen die je hebt meegemaakt! Het gaat ook jou lukken jezelf op nummer één te zetten, zonder dat er oorlog met iedereen komt en zonder je schuldig of verantwoordelijk te voelen voor het welzijn van je ouder. Ben je er nu nog niet aan toe, zet dan in je telefoon/computer/tablet of op een papiertje een datum in de toekomst met daarbij de tekst: 'Vandaag word ik de baas over mijn leven en stel ik het niet meer uit.'

6.4 Mijn toekomst

Oefening 6.2 Brief aan jezelf schrijven

Schrijf in een brief aan jezelf (klinkt vreemd, probeer het toch maar) hoe je nu bent, met je sterke en zwakke kanten en hoe je in de toekomst wilt zijn. Denk goed na over wat je zo wilt houden en wat je wilt veranderen. Je zult merken dat het antwoord op de vraag waarmee je tevreden bent en waarmee niet, in jezelf ligt. Bedenk ook hoe jij je leven wilt leven en wat er nodig is om dit te bereiken. En wat jij hier zelf aan kunt doen en wat niet. Want de enige die vanaf nu bepaalt wat jij in het leven bereikt ben jij zelf! Ga denken in uitdagingen en niet in beperkingen ('dat kan ik toch niet' of 'dat is niet voor mij weggelegd'). Als het je helpt, kun je de toekomst ook in kleine partjes opdelen. Bijvoorbeeld, hoe wil ik over een maand zijn, over een jaar, vijf jaar. En bedenk vooral, wat moet ik doen/heb ik nodig om dat doel te bereiken? Voel dat je zelf greep krijgt op je leven, in plaats van dat alles je overkomt. Voel dat je de kapitein bent van je eigen boot en dat jij en jij alleen de richting van je boot bepaalt en wie er met je mag meevaren. Niet langer zijn de psychiatrische en/of verslavingsproblemen van je ouder de kapitein van je schip, maar ben jij het zelf! Op weg naar de horizon, waar een goede toekomst wacht!

7 Achtergrondinformatie

7.1 Inleiding

Opgroeien is niet altijd gemakkelijk. Het kan helemaal lastig zijn als je een ouder hebt (gehad) die last heeft van psychiatrische problemen of verslaafd is (geweest). Dit kan je eigen vader of moeder zijn, maar ook een stiefouder of pleegouder. Door de problemen van je ouder kan het moeilijk zijn om je eigen leven op te bouwen of de opvoeding klopt niet altijd. Je maakt daarbij thuis allerlei dingen mee die vaak lastig kunnen zijn om erover te praten of moeilijk zijn uit te leggen aan iemand die geen idee heeft wat de ziekte van je ouder met je doet. Je wilt je ouders ook niet afvallen, je schaamt je of denkt dat het aan jou ligt of anderen doen gewoon geen moeite om naar je te luisteren. Ouders die ziek in hun hoofd zijn of verslaafd zijn houden soms wel maar meestal geen rekening met wat goed is voor hun kind en gaan dan over de grenzen van het kind heen. Door dit alles kan het extra lastig zijn om op goede wijze voor jezelf op te komen. Als je dit boek van je hulpverlener hebt gekregen, kunnen jullie samen de onderwerpen bespreken die op jouw situatie slaan. Heb je geen eigen hulpverlener, maar wil je wel iets bespreken, dan staan er achterin websites genoemd waar je met je vragen terechtkunt.
Niet iedereen maakt precies hetzelfde mee. Misschien worden er in dit deel onderwerpen besproken die niet op jouw situatie slaan. Of misschien mis je onderwerpen. Of vind je dat de informatie niet klopt. Dat zou jammer zijn en dan wil ik dat graag weten. Stuur in dat geval een mailtje naar lwenselaarkoppkvo@upcmail.nl.

7.2 Heb ik alleen dit probleem?

In Nederland zijn er ongeveer 1,6 miljoen kinderen onder de 22 jaar die een ouder hebben met een psychiatrische diagnose. Van de totale groep kinderen zijn er 900.000 jonger dan 12 jaar en ruim 400.000 jonger dan 6 jaar. De ouders met een verslaving die bij de hulpverlening bekend zijn hebben met elkaar ongeveer 23.000 kinderen onder de 18 jaar. Je bent dus zeker niet alleen! Afgezet tegen de totale groep kinderen in Nederland betekent dit dat 38,5% van de jongeren onder de 22 jaar een KOPP/KVO-kind is, bijna 35,6% onder de 12 jaar is en 35,3% onder de 6 jaar. En dan hebben we het alleen nog maar over de kinderen van de ouders waarbij een diagnose is gesteld. We weten dat er heel veel meer ouders rondlopen met forse psychiatrische of verslavingsproblemen, maar die zijn nooit bij een hulpverlener geweest en dus ook nooit geregistreerd als patiënt. Er zijn dus in Nederland heel veel meer kinderen met een ouder zoals jij. Alleen weten jullie dit vaak niet van elkaar en denken jullie vaak dat je de enige bent met een ouder die psychiatrische en/of verslavingsproblemen heeft. Niet dus.

7.3
Wat wordt bedoeld met 'psychiatrisch probleem/ psychiatrisch ziek'?

Met 'psychiatrisch' bedoelen we dat iemand niet meer in staat is om alles wat hij/zij meemaakt in het leven of alles wat iemand denkt of voelt vanbinnen 'op een rij te houden', 'onder controle te houden'. In het gedrag van iemand zie je dan allerlei opvallende/afwijkende dingen die storend zijn in het normale leven en storend in het contact met anderen. Iemand kan helemaal stilvallen of juist ineens heel veel gaan praten. Iemand krijgt allerlei angsten en last van dwanghandelingen of dwanggedachten. Iemand kan stoppen met slapen of alleen nog maar willen slapen. Kan heel erg verdrietige of boze buien krijgen. Of erg achterdochtig/wantrouwend worden. Kan stoppen met eten of juist heel veel gaan eten of eten expres weer uitspugen. Kan ineens niet meer willen leven en proberen zichzelf te doden of te beschadigen. Kan ineens gaan slaan of vechten. Of heel veel alcohol of drugs gaan gebruiken. Of helemaal in de war raken en stemmen gaan horen of geesten zien. Of de kinderen gaan slaan of misbruiken. Met iedereen ruziemaken of met niemand meer contact willen. Of niet meer zorgen voor geld voor het gezin of voor het huishouden. Vaak verandert de sfeer in huis door het andere, vaak vervelende/storende gedrag van iemand met een psychiatrisch probleem. Iemand die psychiatrisch ziek is voelt zich vaak – maar niet altijd – erg schuldig na een uitbarsting, maar kan het eigen gedrag toch niet veranderen. Het leven is voor de persoon die psychiatrische problemen heeft zeker niet gemakkelijk. Maar dat is het ook niet voor de omgeving; dus ook voor de kinderen is het een lastige weg.

7.4
Wat wordt bedoeld met verslaving?

'Mijn moeder drinkt heel veel als ze zich rot voelt, maar ik voel me rot omdat zij drinkt'

Als iemand in je omgeving verslaafd is, is het moeilijk samen een huis te delen. Iemand die verslaafd is, kan niet leven zonder dat hij steeds weer de dingen doet die slecht voor hem zijn, waar je zelfs ziek van kunt worden. Al voelt een verslaafde zich nog zo ziek, hij gaat niet naar de dokter. De verslaving is dan medicijn en dokter tegelijk en bepaalt alles wat die dag gedaan wordt. Je kunt aan alles verslaafd raken: alcohol, drugs, seks, internet, gamen en eten zijn de bekendste verslavingen. Verslaafde mensen hebben vaak ook nog andere psychiatrische problemen. Ze hebben bijvoorbeeld tegelijkertijd een alcoholverslaving en een depressie of tegelijkertijd een blowverslaving en een angststoornis. Alle combinaties zijn mogelijk. Als je verslaafd bent, kun je niet meer rekening houden met de belangen van een ander. Je kunt alleen nog maar denken aan je verslaving. Het opvoeden is dan onmogelijk en daardoor wordt het kind op meerdere gebieden verwaarloosd.

Kinderen van ouders die verslaafd zijn kunnen met de volgende zaken te maken krijgen.
- Ze kunnen het moeilijk hebben met het gebruik van de ouder, maar naar de buitenwereld hun gevoelens en gedachten hierover verbergen en doen alsof er niets aan de hand is of dat het ze allemaal niets kan schelen.
- Ze kunnen steeds weer proberen de verslaafde ouder tot andere gedachten te brengen en zich keer op keer teleurgesteld en boos voelen, wanneer die ouder de belofte te stoppen weer niet nakomt.
- Ze kunnen het gevoel hebben dat alle vrije dagen 'verziekt' worden door de verslaving van de ouder.
- Ze kunnen merken dat ze leugens aan de buitenwereld vertellen om de verslaving van de ouder en de situatie thuis te verbergen.
- Ze kunnen proberen zoveel mogelijk van huis weg te zijn, omdat de sfeer thuis ondraaglijk is of zich zoveel mogelijk terugtrekken op de eigen slaapkamer.
- Ze kunnen geen vrienden mee naar huis nemen, uit angst of schaamte over wat die vrienden zullen merken.
- Ze kunnen zich thuis onveilig gaan voelen door agressief of driftig gedrag van hun verslaafde ouder of door de eveneens verslaafde vrienden van hun ouder die langskomen.
- Ze kunnen sombere buien hebben en buitenshuis boos of onredelijk gedrag vertonen (tegen bijv. leraren, klasgenoten, winkelpersoneel), omdat ze boos zijn op hun verslaafde ouder en zich hierover machteloos voelen.

7.5
Hoe ontstaan psychiatrische problemen of verslaving?

Vaak is helemaal niet duidelijk waarom iemand een psychiatrische ziekte krijgt of verslaafd raakt. We denken dat het te maken kan hebben met een erfelijke kwetsbaarheid in iemand (meestal komt het dan vaker voor in een familie) of dat iemand nare dingen heeft meegemaakt of de combinatie van deze twee. Vreemd genoeg zijn er ook heel veel mensen die zowel de erfelijke kwetsbaarheid in zich hebben als nare dingen hebben meegemaakt en helemaal niet psychiatrisch ziek worden of verslaafd. We noemen dat de 'competente mensen'. Deze mensen krijgen het voor elkaar om een prettig eigen leven op te bouwen, ook al hebben ze krassen op hun ziel opgelopen in hun jeugd. Laten we zorgen dat jij ook een 'competent' kind wordt!

7.6
Gaat het over?

Als het meezit, wordt je ouder maar één keer in het leven psychiatrisch ziek en daarna niet meer. Bij anderen komt de ziekte terug en bij weer anderen gaat de ziekte niet meer over, dan blijven ze er last van houden. Als je ouder verslaafd is, zijn de problemen vaak hardnekkig en langdurig en is de kans op een terugval in gebruik groot. Wie een verslaving heeft gehad, blijft altijd kwetsbaar voor terugval.

7.7
Kan ik het ook krijgen?

Het kan zijn dat je dezelfde problemen als je vader of moeder krijgt, maar dat hoeft niet. Zelfs als je de kwetsbare aanleg van je ouder erft, wil dat niet zeggen dat je zelf ook ziek wordt. Voor jou is wel belangrijk dat je ver weg blijft van alcohol en drugs, verkeerde vrienden, zorgt voor voldoende slaap, gezond eet en vooral ervoor zorgt dat je buitenshuis met mensen contact hebt die je positief steunen en dat je een schooldiploma haalt. Dit helpt allemaal om sterk te staan tegenover een eventueel erfelijke kwetsbare aanleg of verkeerde voorbeelden uit je opvoeding en dat je opgroeit tot een 'competent' tevreden zelfstandig mens.

8 Behandeling van mijn zieke ouder

'Als mijn moeder ziek is, draait ze helemaal door. Een opname is dan nodig, maar ze wil niet dat ik op bezoek kom'

'Waarom grijpt niemand in? Daar kan ik zo boos om worden!'

Heel vaak merken kinderen dat er 'iets' met hun ouder is, maar is er helemaal geen hulp of behandeling voor hun zieke ouder. Misschien is dat bij jou ook het geval. Wordt er wel behandeld dan bestaat dit vaak uit contact met de huisarts, maatschappelijk werk, psycholoog of psychiater. Er worden gesprekken met je ouder(s) gevoerd en/of medicijnen aan je zieke ouder gegeven, terwijl die gewoon thuis blijft. Helaas is er nog steeds geen medicijn uitgevonden dat je ouder helpt een betere ouder voor jou te zijn. Ook gebeurt het helaas nog veel te weinig dat de hulpverleners van de ouders ook met de kinderen spreken. Dit kan betekenen dat je als kind geen uitleg krijgt over wat er met je ouder aan de hand is, maar dat je ook niet aan de hulpverlener van je ouder kunt vertellen wat je thuis meemaakt met je zieke ouder. Hierdoor kun je je buitengesloten en in de kou voelen staan.

8.1 Opname in een psychiatrisch ziekenhuis

Misschien is je ouder opgenomen (geweest) in een psychiatrisch ziekenhuis. Dit kan vrijwillig (je ouder stemt in met opname) of gedwongen (je ouder weigert, maar is een gevaar voor zichzelf of de omgeving). Als je op bezoek gaat bij je ouder in een psychiatrisch ziekenhuis, is het vaak even schrikken. Er zijn gesloten afdelingen en open afdelingen. Op de gesloten afdeling zijn de mensen vaak zieker en mogen niet zomaar naar buiten. Je kunt op zo'n afdeling van alles meemaken en zien. Een aantal mensen bij elkaar die wat zitten te staren of vreemd doen of stemmen horen of steeds heen en weer lopen of zomaar vreemde dingen tegen je zeggen. En daar zit je ouder tussen. Op de open afdeling zijn de mensen vaak al een stukje beter en mogen ze na toestemming van de afdeling af. Als je op bezoek komt, zit je ouder soms opgewekt met je praten, soms alleen maar te zwijgen, soms weet je zelf ook niets te zeggen en soms zou je het liefst meteen weer weggaan.

Zomaar tegen een ander zeggen dat je ouder in een psychiatrisch ziekenhuis zit, is ook al niet makkelijk. Het is veel makkelijker om te zeggen dat je moeder een gebroken been heeft dan dat ze een zelfmoordpoging heeft gedaan. En leg maar eens aan iemand uit dat je vader pillen gebruikt om 'normaal' te doen en dat hij behandeling van een psychiater krijgt, omdat hij ziek in zijn hoofd is. Er zijn heel veel mensen met een ouder zoals jij, maar heb je er ooit één ontmoet die uit zichzelf zei: 'mijn moeder loopt bij een psychiater' of: 'mijn vader is opgenomen in een afkickkliniek, omdat hij verslaafd is aan alcohol'? Waarschijnlijk schamen mensen zich er vaak voor dat dit het geval is.

8.2
Wat betekent gedwongen behandeling?

Gedwongen opname in een psychiatrisch ziekenhuis is mogelijk met een inbewaringstelling (IBS) of een rechterlijke machtiging (RM). Voor beide maatregelen moet er sprake zijn van een psychiatrisch probleem. Een IBS wordt gebruikt als er direct gevaar is voor de patiënt of de omgeving. De beoordeling wordt door een psychiater van de crisisdienst gedaan en de maatregel kan alleen door de burgemeester, zonder dat deze de patiënt ziet, afgegeven worden. Alleen als de burgemeester een inbewaringstelling afgeeft, kan de patiënt meteen worden opgenomen in een psychiatrisch ziekenhuis. Je vader of moeder wordt dan met een ambulance vervoerd. Binnen drie dagen na de opname komt de rechter naar het psychiatrisch ziekenhuis om te bekijken of er een acute reden is om de IBS voor de duur van drie weken te verlengen. De patiënt (jouw ouder) krijgt een advocaat toegewezen die de belangen van de patiënt in de gaten houdt. Behalve een rechter en de dienstdoende psychiater, is bij de zitting iemand van de rechtbank aanwezig die het verslag maakt. Je andere (gezonde) ouder kan de zitting bijwonen. De rechter geeft een korte inleiding over wat hij heeft gehoord en gelezen en dan vertelt iedereen om de beurt wat hij van deze zaak vindt. Daarna heeft de rechter tijd om, als dit nodig is, na te denken over zijn uitspraak. De eerste vraag die hij zichzelf stelt, is: 'is het recht op de juiste wijze toegepast?' Als dat niet zo is, mag de IBS niet verlengd worden. De tweede vraag is, of de patiënt nog steeds een gevaar is, en of deze een vrijwillige opname wil voortzetten. Als de patiënt nog steeds een gevaar is, en hij geen vrijwillige opname wil, wordt de IBS vastgesteld op drie weken. Na deze drie weken is het mogelijk nog een verlenging van de IBS voor drie weken aan te vragen, maar het is ook mogelijk een rechtelijke machtiging aan te vragen.

Als iemand na een IBS nog steeds gedwongen moet worden opgenomen, kan de rechter toestemming geven voor een rechterlijke machtiging. Men spreekt dan over een voorlopige (rechterlijke) machtiging. Dit kan alleen als het vermoeden bestaat dat deze persoon een gevaar vormt – voor zichzelf, anderen of de omgeving – en het gevaar niet op een andere manier is af te wenden en voortkomt uit een geestesstoornis. Deze machtiging geldt eerst voor maximaal zes maanden, met de mogelijkheid van verlenging met telkens één jaar. Een verlenging wordt aangeduid als 'machtiging tot voortgezet verblijf'. Zo'n voorlopige (rechterlijke) machtiging kan ook aan de rechter worden gevraagd als de patiënt nog thuis is, maar geen direct/acuut gevaar voor zichzelf of omgeving is (dan wordt het dus een IBS), maar wel maatschappelijk ten onder dreigt te gaan door een geestesziekte.

9 Diagnose of symptomen

Omdat we vaak niet de diagnose van iemand weten, maar je als kind thuis vooral last hebt van het gedrag en de symptomen van je psychiatrisch zieke of verslaafde ouder, is de diagnose nu even niet belangrijk. Later in dit werkboek zullen we wat langer stilstaan bij de verschillende diagnoses, maar hier hebben we het nu over wat je aan het gedrag kunt zien: de symptomen van een psychiatrische ziekte of verslaving. Helaas nemen de symptomen van een psychiatrische ziekte en verslaving vaak steeds meer ruimte in het hoofd van iemand in en kan die persoon dan steeds minder goed rekening houden met een ander of zich inleven in de gevoelens van een ander. Hoe zieker je ouder is hoe slechter je ouder in staat is om rekening te houden met jouw gevoelens en behoeften. Wordt je ouder minder ziek dan is hij hopelijk weer in staat om zich in te leven hoe het voor jou is (geweest).

9.1 Psychiatrische en verslavingssymptomen

Er zijn veel symptomen (ziekteverschijnselen) die je kunt zien bij iemand die psychiatrisch ziek of verslaafd is. Hoe meer symptomen iemand heeft hoe zieker die persoon is.

- Denkstoornissen/wanen. Bij denkstoornissen heb je gedachten die niet kloppen met de werkelijkheid, maar voor de betreffende persoon hebben ze een absoluut en niet te corrigeren waarheidsgehalte. Iemand denkt bijvoorbeeld: iedereen haat me of iedereen achtervolgt me. Hoe vaak je dit ook tegenspreekt, de ander gelooft je gewoon niet. De denkstoornissen kunnen zo groot worden dat die persoon er een heel systeem van gedachten en gedrag om heen bouwt en zo een eigen werkelijkheid maakt, die wat je ook doet of tegenspreekt niet is te veranderen. Er is dan sprake van een waan. Voorbeelden hiervan zijn: achtervolgingswaan, vergiftigingswaan, religieuze waan, beïnvloedingswaan, waan dat iemand anders in huis stiekem camera's heeft geplaatst om alles te filmen of af te luisteren.
- Hallucinaties: het horen (auditieve hallucinatie), zien (visuele hallucinatie), voelen, ruiken of proeven van iets wat alleen door de persoon die hallucineert wordt waargenomen. Vaak hebben hallucinaties een negatieve inhoud en worden door de persoon die er last van heeft als angstig ervaren; bijvoorbeeld het horen van een stem die hem bekritiseert of uitlacht of vervelende opdrachten geeft. Ook kijkt iemand die hallucineert vaak gespannen/angstig of dreigend uit de ogen.
- Verwardheid: niet meer goed weten hoe het zit met tijd, plaats en persoon, waardoor gedachten en waarnemingen niet meer aan de juiste tijd, plaats en persoon worden gekoppeld en door elkaar lopen.
- Psychose: combinatie van wanen, hallucinaties en verwardheid.
- Paranoïde: ziekelijk wantrouwend/achterdochtig zijn, wat niet of moeilijk te corrigeren is.

- Depersonalisatie: de eigen persoon en lichaamsdelen worden als van een vreemde ervaren en gevoeld als 'niet van mij'. Bijvoorbeeld: het eigen lichaam lijkt van een ander, eigen stem klinkt als van een ander, 'dit ben ik niet'.
- Derealisatie: de wereld wordt vertekend, 'anders' waargenomen. Bijvoorbeeld: de kleuren zijn anders, afstanden worden anders ingeschat, alles klinkt verder weg of juist heel dichtbij, bomen staan ineens midden op het fietspad. Afmetingen en verhoudingen worden verkeerd waargenomen: te klein of te groot of je ziet alles alsof je door beslagen ruit kijkt.
- Dissociatie: de persoon merkt dat ervaringen zijn losgekoppeld van de toen tegelijkertijd optredende gedachten en gevoelens.
- Dwanggedachten of dwanghandelingen (bijv. steeds hetzelfde denken of steeds hetzelfde doen).
- Straatvrees/smetvrees/winkelvrees/spreekvrees. Vaak wordt in plaats van het woord vrees het woord fobie gebruikt. Bij straatvrees ben je bang om de straat op te gaan, bij smetvrees om vies/besmet te raken als je iets aanraakt, bij winkelvrees om een winkel in te gaan, bij spreekvrees bang om je mond open te doen en iets te zeggen. Er zijn nog meer soorten vrees, misschien heeft jouw ouder een andere vrees/fobie? Bij een vrees/fobie ben je zo bang dat je er alles aan doet om dat waar je bang voor bent uit de weg te gaan.
- 'Levensmoe', zelfmoordplannen/zelfmoordpogingen/zelfdoding.
- Sombere buien/huilbuien/depressief.
- Ziekelijk opgewekt/vreemde lachbuien/overdreven actief.
- Tot niets meer komen, passief en nergens meer interesse in hebben.
- Angsten, voor gewone of voor heel vreemde/ongewone dingen.
- Slaapstoornissen (onder andere omgekeerd dag-en-nachtritme, heel veel of juist niet slapen, erg veel nachtmerries).
- Eetstoornissen (variërend van eenzijdig of totaal niet tot overmatig eten tot zelf een braakreflex opwekkend).
- Verstoorde agressiehuishouding: op zichzelf gericht (zelfbeschadiging = automutilatie) of op de ander gericht (iemand met woorden kapotmaken of letterlijk slaan/schoppen/spugen/knijpen, mishandelen, misbruiken, enz.).
- Bizar gedrag/wereldvreemd.
- Verwaarlozing van zichzelf, van de ander, van het huishouden.
- Vreemde lichamelijke klachten.
- Met niemand contact willen/hebben = sociaal isolement.
- Drugs- en/of alcoholmisbruik.
- Verhoogd risico op crimineel gedrag.

10 Veranderingen

10.1 Veranderingen in het gedrag van een mens met een verslaving

Iemand die verslaafd is kan symptomen uit het rijtje van paragraaf 9.1 hebben, maar er kunnen ook bepaalde veranderingen in zijn gedrag optreden, zoals:
- Ontkennen van het feit verslaafd te zijn, terwijl jij als kind met eigen ogen ziet dat je ouder bijvoorbeeld dronken is of drugs gebruikt.
- Steeds de ander aanwijzen als schuldige van de verslaving en de problemen: 'als jij niet zo lastig zou zijn, had ik geen drank nodig'.
- Steeds zeggen: ik kan ieder moment stoppen en er zelf nog in geloven ook, terwijl jij merkt dat dit niet waar is.
- Lichamelijke klachten krijgen/ziek worden van de drank of drugs (misselijk, braken, lallen, niet rechtop kunnen lopen, zweten, kouwelijk, hartkloppingen, duizeligheid, wazig zien), maar vooral niet naar bed of de dokter gaan, maar op de bank in de huiskamer blijven liggen of steeds meer gaan gebruiken om deze lichamelijke klachten te onderdrukken.
- Afspraken en beloftes niet nakomen.
- Informatie geven die niet is te vertrouwen.
- Zich gedragen als een lastig kind dat altijd zijn zin wil hebben.
- Er alleen maar voor je zijn als er even niet wordt gedacht aan de verslaving of trek in het middel afwezig is.
- Criminele dingen doen om aan geld voor de verslaving te komen.

Voor ieder kind is het heel belangrijk hoe een ouder zich gedraagt, hoe de sfeer in huis is, of hij zich thuis veilig en begrepen voelt, hoe de ouder met hem omgaat, en hoe de opvoeding eruitziet. Met andere woorden: hoe vult de ouder de ouderrol in. Ook voor ouders die geen psychiatrische ziekte of verslaving hebben is het soms al heel moeilijk ervoor te zorgen dat het voor iedereen thuis een prettige en veilige plek is. Verder is het heel belangrijk hoe je ouders tegen elkaar doen, want zij zijn je eerste voorbeeld hoe volwassen mensen met elkaar omgaan. En je weet het: goed voorbeeld doet goed volgen. Als je ouders je geen goed voorbeeld geven, is het veel lastiger om als je eenmaal volwassen bent andere keuzes te maken in je gedrag. Dan moet je zelf actief op zoek gaan hoe je wilt zijn in plaats van dat je het op de automatische piloot kunt doen, omdat je het van huis uit mee hebt gekregen. Als je je er actief voor inzet, gaat dat zeker lukken!

Een psychiatrische ziekte of verslaving heeft een grote negatieve invloed op de ouderrol en dus op de manier waarop je ouder jou opvoedt. Je merkt als kind in het dagelijks leven veranderingen in de opvoeding en verzorging van jou die niet altijd prettig of makkelijk zijn. Of dingen die zelfs niet door de beugel kunnen. Als de ziekte erger wordt, is het steeds moeilijker om de ouderrol goed te vervullen. Je ouder kan dan steeds minder de ouder zijn die hij wil zijn en die jij nodig hebt als jongere. Ook kunnen de psychiatrische problemen van je ouder in de tijd in ernst wisselen, van licht tot heftig, van een tijd afwezig tot langdurige opnames, van altijd aanwezig tot één periode aanwezig, alles is mogelijk. Het kan ook maken dat je ouder wisselend beschikbaar is om jou op een prettige wijze op te voeden of zoals je het ook kunt zeggen: 'als goed-genoeg-ouder', want natuurlijk is niet één ouder perfect. Net zo goed als niet één kind perfect is. 'Goed-genoeg-kind' is ook al prima.

Welke psychiatrische diagnose of verslaving mensen ook hebben, ze hebben allemaal dezelfde kenmerken in hun gedrag. De volgende kenmerken zie je terug in hun rol als ouder en daarmee kun jij als jongere te maken krijgen.

- De psychiatrisch zieke of verslaafde ouder heeft door de ziekte de neiging zichzelf als middelpunt te zien van de wereld om hem heen. Het inlevingsvermogen en de interesse in de ander, dus ook in jou als kind, nemen af. Rekening houden met de gevoelswereld van de ander wordt steeds moeilijker als de ziekte en/of verslaving erger wordt. Bijvoorbeeld zéggen: 'je hoeft je niet schuldig te voelen dat je vanavond weg bent gegaan', maar ondertussen emmers vol schuldgevoel over je uitstorten.
- De zieke ouder beredeneert en handelt naar zoals híj zich voelt en iets beleeft en niet naar hoe jíj iets voelt en beleeft. Onschuldige vragen van je worden uit hun verband gerukt, krijgen een heel andere lading en klagen jou aan: 'mag ik even tv-kijken?' wordt: 'je denkt alleen maar aan jezelf, nooit houd je eens rekening met mij' of 'wat eten we vanavond?' wordt: 'vind je weer dat ik niet goed voor je zorg, heb je weer commentaar, doe het dan zelf, dan kook ik wel niet'.
- De ziekte of verslaving maakt dat de zelfbeheersing van de zieke ouder onder druk komt te staan en dat eigen emoties en agressie niet meer in de hand zijn te houden. Je merkt dan dat je ouder helemaal niets meer doet (apathisch is), sombere buien heeft of juist heel veel wisselt van stemming, waardoor er ook onredelijke en heftige driftbuien kunnen zijn. Geduldig opvoeden is dan heel moeilijk en het aantal botsingen tussen jou en je ouder neemt toe.
- De zelfredzaamheid van je ouder neemt af, maar door grote eigenwijsheid wordt hulp van een ander niet altijd geaccepteerd of gewaardeerd, dus ook van jou niet, ook al doe je nog zo je best.
- Het gedrag van je ouder roept bij jezelf en bij de omgeving heftige reacties op. Je gaat je afvragen: wie voedt nu wie op? Wie moet nu de wijste zijn?
- Het gezonde oordeels- en kritische vermogen van je zieke ouder wordt aangetast, waardoor je je verhalen niet makkelijk kwijt kunt, omdat jouw verhalen steeds verkeerd worden begrepen/ingevuld. Misschien vertel je maar niets meer of de halve waarheid.
- De angsten, zorgen, schuld- en schaamtegevoelens van je zieke ouder overschaduwen de gezonde ouderrol en jij wordt belast met de angsten, zorgen, schuld- of schaamtegevoelens van je ouder.
- Psychiatrische aandoeningen maken dat je de wereld, de mensen en hun gedrag vaak negatief gaat bekijken. Het vertrouwen van je zieke ouder in de ander is hierdoor aangetast, dus ook het vertrouwen van je zieke ouder in jou. Hoe je ook je best doet, het is niet snel goed.
- Of je wilt of niet, psychiatrische problemen raken je/zuigen je mee. Zo ook bij je zieke ouder. In plaats van de volwassen zorgen/problemen bij je weg te houden, word je er helemaal in meegezogen en ermee belast. De ouderrol wordt de kinderrol en jij kunt op de plaats van de ouder terechtkomen: zorgen voor/beschermen/sussen van je ouder/huishouden draaiend houden. Je snapt dat dit geen gewenste situatie is.

10.2
Veranderingen in het gezinsleven

'Alle jonge mensen ongeacht hun seksuele geaardheid of identiteit hebben recht op een veilige en ondersteunende omgeving waarin ze volledig tot hun recht komen en zich optimaal kunnen ontwikkelen'

Helaas is de praktijk niet altijd zo. Er kan thuis van alles veranderen in het gezinsleven.

- Het contact tussen jou en je ouders verandert: het gezin van vroeger is er niet meer.
- Als er meer kinderen in het gezin zijn, kunnen jullie óf meer ruziemaken en van elkaar verwijderen óf de onderlinge band wordt sterker.
- Het contact met de rest van de familie verandert: of je ziet je familie niet meer omdat er ruzie is ontstaan tussen je ouder en de familie of ze komen vaker langs om te helpen. Dit laatste gebeurt helaas veel minder.
- Het gezinsleven wordt onrustig op het gebied van emoties, gedrag van iedereen, organisatie en financiën.
- Veel aandacht en zorg gaan uit naar de zieke ouder ten koste van de andere gezinsleden en dus ook van jou.
- Er sluipt angst en onzekerheid in het gezinsleven en er kunnen heel heftige dingen gebeuren die krassen op je ziel veroorzaken.
- Er is verdriet (rouw) om het verlies van de gezondheid van de zieke ouder en om het verlies of nooit gekend hebben van een gelukkig gezinsleven.
- Door de onrust in het gezin is het voor een kind moeilijk om stappen vooruit te zetten in de eigen ontwikkeling.
- Het ontstaan van een ongelijkwaardige relatie tussen de ouders, waardoor ouders relatieproblemen/ruzies kunnen krijgen of uit elkaar zijn, terwijl jij er als kind tussenin zit. Door psychiatrische of verslavingsproblemen kost het de zieke ouder meer moeite om betaald werk vast te houden of te vinden en is er meer kans op verlies van betaald werk, waardoor jouw gezin minder geld in de portemonnee krijgt en er onvoldoende geld is om jou als kind te voeden, te kleden, op schoolreisje te laten gaan of zakgeld te geven. Bij alcohol- of drugsverslaving is er vreemd genoeg wel altijd geld om alcohol of drugs te kopen.
- Als gezin kun je steeds meer buiten de maatschappij komen te staan en in een situatie terechtkomen dat er met niemand buiten het gezin contact is. We noemen dit een sociaal isolement, wat voor jou als kind niet goed is.

10.3
Steun vragen of niet

Over wat er thuis gebeurt, houden kinderen vaak hun mond. Daar kunnen verschillende redenen voor zijn. Vaak speelt schaamte mee voor wat er thuis aan de hand is. Of niet weten hoe je er met iemand over moet beginnen. Of je bent bang dat andere kinderen misschien nare dingen over je ouders gaan zeggen of je gaan pesten dat je een gekke vader of moeder hebt. En dat wil niemand, al zorgt het gedrag van de ouders en de ziekte in hun hoofd ervoor dat ze zo wel kunnen overkomen. Dat alles bij elkaar kan maken dat je niet snel begint over wat je thuis meemaakt. Terwijl dit wel zo prettig zou zijn. Iemand met wie je dingen kunt delen, die wil luisteren en je misschien ook tips kan geven over wat je het beste kunt doen. Als je een computer met internet hebt (thuis, op school of in de bibliotheek, vaak is het gebruik ervan daar gratis als je nog geen 18 jaar bent), zijn er goede sites waar je met je vragen terechtkunt of kunt chatten met andere jongeren zoals jij of met een hulpverlener kunt mailen. Deze sites vindt je achter in dit werkboek. Ook kun je deelnemen aan een KOPP/KVO-groep. Informatie over KOPP/KVO-groepen vind je in paragraaf 1.6.

11 Wat je thuis ook kunt meemaken

11.1 Een ouder met zelfmoordpoging of geslaagde zelfmoord

Hopelijk heb jij nooit een zelfmoordpoging of geslaagde zelfmoord hoeven meemaken, maar helaas komt dit soms voor bij mensen die psychiatrisch ziek of verslaafd zijn. Misschien heb jij het wel meegemaakt of heeft je ouder nog nooit echt een poging gedaan, maar er wel mee gedreigd. Eigenlijk is het erg gemeen om dit tegen je eigen kind te zeggen of een kind te laten meemaken. Je ouder zou wijzer moeten zijn en erover moeten zwijgen tegen jou en hulp moeten zoeken. Maar helaas zijn ze er door hun ziekte vaak niet toe in staat en vanuit hun wanhoop zeggen of doen ze dit soort dingen. Daarmee zadelen ze jou op met een rot gevoel. En je gaat je afvragen, of je het had kunnen voorkomen. Is het mijn schuld? Had ik thuis moeten blijven? Had ik van tevoren niet zo boos moeten zijn? Had ik het moeten zien aankomen? Allemaal vragen die door je hoofd spoken, maar onthoud één ding goed: jij bent nóóit, maar dan ook nóóit schuldig aan de zelfmoord of poging daartoe. De enige die daar verantwoordelijk voor is, is je ouder en de afschuwelijke psychiatrische ziekte of verslaving. Boos worden op je ouder mag, net zo goed als je boos mag worden op die akelige ziekte of de hulpverleners die je ouder niet hebben kunnen helpen. Maar boos zijn op jezelf heeft geen enkele zin. Daar word je alleen maar depressief van, dus niet doen!

Om als kind te snappen dat jouw ouder niet voor jou wil blijven leven, dat jouw ouder zich zo ellendig voelt dat hij uit het leven wil stappen of is gestapt, is een onmogelijke opgave. Het blijft helaas de rest van je leven als een donkere schaduw met je meelopen. Boosheid en het gevoel van verlating wisselen elkaar af. Ook de vraag 'waarom' blijft je achtervolgen. Net als intens verdrietig zijn en het volgende ogenblik denken: 'het is zoals het is' en 'ik wil wel verder met mijn eigen leven' normale gedachten zijn. Je kunt je later allerlei dingen gaan herinneren die je in je boosheid tegen je zieke ouder hebt gezegd, zoals: 'ik wou dat je maar dood was' of 'nou, dan pleeg je toch lekker zelfmoord'. Schuldgevoelens over wat je ooit gezegd hebt kunnen dan enorm groot worden. Maar blijf steeds denken: 'niet ik, maar mijn ouder heeft zelf de keus gemaakt om te willen stoppen met het leven. Dat was toch wel gebeurd, wat ik ook gezegd of gedaan had.'

Er zijn situaties dat een kind zijn ouder oprecht dood wenst en dat de geslaagde zelfdoding als een opluchting voelt. Het gevoel verlost te zijn van de probleemouder en rust ervaren door diens dood zijn soms begrijpelijke gedachten. Vooral wanneer er sprake is geweest van veel zelfmoordpogingen, al dan niet vergezeld van huiselijk geweld en/of mishandeling, kan de dood als opluchting worden ervaren. Dit kan je als kind ook in gewetensnood brengen. Zoals een jongen van 14 jaar ooit tegen me zei: 'Ben ik nu een slecht mens, omdat ik blij ben met de zelfdoding van mijn vader?'

11.2
Huiselijk geweld, mishandeling of seksueel misbruik

11.2.1
Aan de bel trekken

Veel mensen die psychiatrische problemen hebben of verslaafd zijn kunnen zich machteloos voelen en kunnen zich dan moeilijk beheersen. Ze worden kortaf, zijn snel boos, mopperen constant of erger: worden zo boos en zeggen dan heel gemene dingen die jou pijn doen of gebruiken lichamelijk geweld. Als dit bij jou thuis aan de hand is, trek dan zo snel mogelijk aan de bel, want je kunt dat zeker niet alleen oplossen en de kans is niet groot dat je ouder hiervoor zelf hulp gaat zoeken. Durf op iemand buiten je gezin af te stappen en het te vertellen. Denk daarbij aan een leerkracht van school, de huisarts of het schoolmaatschappelijk werk. Of bel met Veilig Thuis op 0800-2000. Hiermee kun je 24 uur per dag gratis bellen als het thuis niet goed gaat, je wordt uitgescholden, geslagen of wanneer er thuis veel ruzie is en je daar iets aan wilt doen. Dit kan ook via hun internetsite www.vooreenveiligthuis.nl.

11.2.2
Vormen van mishandeling

Er zijn verschillende vormen van mishandeling, die vaak tegelijkertijd of afwisselend worden gebruikt. Het gaat om *lichamelijke* mishandeling (waaronder ook seksueel misbruik) en *emotionele* (= geestelijke) mishandeling. Je kunt zowel slachtoffer, dader als getuige zijn van mishandeling. En al deze vormen moeten gewoon stoppen, want ze zijn voor iedereen slecht. Opvallend is dat ook aanwezige huisdieren in het gezin heel vaak betrokken zijn bij verwaarlozing en mishandeling.

Lichamelijke mishandeling

Lichamelijke mishandeling is nooit goed te praten. Hoeveel spijt iemand daarna ook heeft en hoe hij het ook probeert goed te maken met je. Iedere mishandeling is er één te veel. Ouders kunnen het doen om hun kind 'een lesje te leren' of omdat ze vanuit hun religie of cultuur denken dat je met harde (lees: mishandelende) hand moet worden opgevoed. Religie of cultuur mag echter nooit een excuus zijn voor het goedpraten van wat het is: namelijk kindermishandeling. Onze wetgeving is hier kraakhelder over en geldt voor iedereen die in ons land woont: de wet verbiedt iedere vorm van mishandeling. De persoon die mishandelt is altijd verantwoordelijk voor het eigen wangedrag. Nooit kan en mag het feit dat de dader psychiatrisch ziek of verslaafd is een excuus zijn. Ook de dader moet dit onder ogen durven zien, om herhaling te voorkomen. Laat je dus nooit aanpraten dat je deze harde afstraffing verdient!

Het gebeurt helaas vaak dat het slachtoffer uit schaamte aan niemand vertelt of laat zien wat hem/haar is aangedaan. Probeer dit toch te doen, want pas dan kan ervoor gezorgd worden dat het stopt. Blijven zwijgen zal zeker niet helpen!

Daders van lichamelijke mishandeling gaan nooit of zeer zelden met het slachtoffer naar een arts. Doen ze dit wel, dan komt er veelal een verhaal met onlogische ongelukken die de letsels niet of onvoldoende verklaren. Durf dus, als je wel meegenomen wordt naar de dokter, te zeggen dat je ouder je dit heeft aangedaan en dat je wilt dat het stopt. Zeg het ook als je niet meer mee naar huis durft. Dan krijg je de hulp die je hard nodig hebt en waar je recht op hebt. Misschien lukt het de dokter dan ook om hulpverlening voor je ouder op gang te brengen, omdat het geen geheim meer is.

Emotionele mishandeling

Emotionele mishandeling kent twee vormen. Het kan gebeuren met woorden (verbaal) en zonder iets te zeggen (non-verbaal). Vaak worden deze vormen tegelijk gebruikt.

Voorbeelden van verbale mishandeling zijn: je uitschelden, voor gek zetten, afkraken, je als slecht kind neerzetten, zeggen dat je er niet uitziet, je bedreigen en ga zo maar door.

Voorbeelden van non-verbale mishandeling: iemand doodzwijgen, buitensluiten, minachtend bekijken zonder iets te zeggen, neus ophalen of gekke bewegingen maken of iemand zogenaamd nadoen als die persoon langsloopt, isoleren van het gezinsgebeuren door bijvoorbeeld niet te laten deelnemen aan de maaltijden of nooit iets uit (positieve) interesse te vragen.

Bij emotionele mishandeling houdt de ander totaal geen rekening met jouw gevoel en zegt of doet steeds weer met opzet de dingen waardoor jij je bezeerd voelt. Doel is het slachtoffer te pesten, angst aan te jagen of te manipuleren om iets te doen wat de dader graag van het slachtoffer gedaan wil krijgen.

Het is voor een ander vaak niet te zien wat jij voelt en doormaakt. Dit maakt het extra lastig om uit te leggen wat jij meemaakt. Helemaal omdat er vaak een groot verschil is tussen hoe 'normaal' alles voor de buitenwereld lijkt en hoe anders de realiteit thuis kan zijn. Blijf wel proberen het aan de buitenwereld uit te leggen, want ook emotionele mishandeling mag beslist niet en laat diepe krassen bij jou na.

Door dit alles kun je je onveilig gaan voelen, vermindert je zelfvertrouwen en ga je denken dat jij minderwaardig bent. Je verliest hierdoor het gevoel dat je een 'goed-genoeg-kind' bent en denkt dat er van alles aan jou mankeert. Maar dat is zeker niet zo, de ander wil je dat alleen maar al te graag laten geloven!

11.2.3

Seksueel misbruik

Seksueel misbruik betreft alle opmerkingen, gedragingen en lichamelijk contact gericht op het bevredigen van de seksuele opwinding van de dader en tegen de zin van het slachtoffer. En iets wat tegen je zin gebeurt, is nooit goed te praten, wat de dader je ook wijsmaakt.

Besef dat alleen jij en niemand anders beslist wie er aan je lichaam mag komen en op welke manier. Dat kunnen wij wel met elkaar eens zijn, maar er zijn mensen die hier anders over denken. Die vinden dat ze tegen je zin aan je lichaam mogen komen, omdat ze er seksueel opgewonden van raken. Of ze willen dat jij aan hun geslachtsdeel zit. En dan niet één keer (ook al verkeerd), maar steeds weer. Vaak zijn de daders sterker dan jijzelf en dwingen je met woorden of met geweld.

Erover praten met iemand is meestal heel lastig, maar wel de eerste stap die gezet moet worden. Door het geheim open te breken, kan er geprobeerd worden het misbruik te stoppen. Zorg ervoor, hoe moeilijk het ook is, dat je er met iemand over praat. Hierdoor hoef je niet onnodig jarenlang met je geheim rond te lopen.

12 Zelf verslaafd?

12.1 Wanneer ben je verslaafd aan gamen?

Gamen is leuk om te doen en zeker niet verkeerd, maar houd wel in de gaten hoeveel tijd je ermee bezig bent en of je verandert in een slaapkamer-zombie die alleen nog maar kan gamen en je de rest van je leven verwaarloost. Dan gaat het niet goed met je gamegedrag. Het rijtje van wat te veel gamen met je leven kan doen laat zien waar de gevaren zitten. Misschien heb jij niet alles wat er in dit rijtje staat. Maar als je veel gamet en dit leest, herken je vast wel een paar dingen.

- Je maakt je huiswerk niet meer.
- Je gaat 's avonds veel te lang door met gamen. Daardoor kom je te laat op school of zit je in de klas te slapen.
- Je haalt steeds slechtere cijfers op school of je gaat helemaal niet meer naar school.
- Je spreekt niet meer af met vrienden.
- Je stopt met sporten, of met andere dingen die je eerst wel leuk vond.
- Je hebt er vaak ruzie over met je ouders.
- Je komt niet meer op tijd aan tafel. Je wilt liever achter de computer eten.
- Je bent altijd chagrijnig als je moet stoppen met gamen.
- Je stelt eten en naar de wc gaan steeds weer uit.
- Rondom je gameplek is het een grote puinhoop van niet-opgeruimde spullen.
- Je gaat steeds minder tijd aan je lichaamsverzorging besteden: wassen, tandenpoetsen, schone kleren aantrekken: je vindt het zonde van je tijd en ook niet nodig om te doen.
- Je kamer verandert langzamerhand in de kamer van een holbewoner, gaat muf ruiken, wordt niet meer gelucht, je bed niet meer verschoond.
- De werkelijke wereld verdwijnt steeds meer en je wordt in de digitale wereld van het gamen gezogen.

Als dit bij jou aan de hand is, weet je zelf ook wel dat je een groot probleem hebt. Belangrijke vraag is dan of je zo wilt doorgaan of dat je vindt dat je gamegedrag moet veranderen. Om je hierbij te helpen is er de site www.gameadviesopmaat.nl. Op deze site kun je een testje doen om je eigen gamegedrag in kaart te brengen en je vindt er allerlei informatie over gamen. Als er van overmatig gamen sprake is, kun je hulp krijgen om dit aan te pakken. Ook kun je paragraaf 12.2 lezen, want veel van de tips die daar staan kun je ook heel goed gebruiken om je gameverslaving aan te pakken.

12.2 Gebruik je middelen of ben je hieraan verslaafd?

Hier volgen een paar tips voor het geval je middelen gebruikt of er misschien al aan verslaafd bent. De vraag is: stop ik ermee, ga ik minderen of ga ik door met het gebruik?

Je kunt op eigen kracht minderen of stoppen of met ondersteuning via een zelfhulpprogramma op internet, via een gesprek met een hulpverlener, een zelfhulpgroep, een opname in een kliniek, enzovoort. Je kunt dus een vorm van hulp kiezen die het beste bij jouw wensen past. Als je twijfelt over stoppen, kan ondersteuning ook nuttig zijn. Een zelfhulpprogramma of hulpverlener kan je helpen om je gedachten te ordenen en tot een besluit te komen. Misschien twijfel je over je gebruik en weet je niet of je ermee wilt doorgaan, stoppen of het wilt minderen. Je kunt dan de volgende stappen zetten.

Breng je gebruik in kaart en houd eens drie weken bij:
- wanneer je gebruikt;
- wat je gebruikt en hoeveel;
- waar je gebruikt;
- waarom je gebruikt; en
- of je alleen was of met anderen.

Zet de voor- en nadelen van je gebruik op een rij. Denk daarbij aan: je gezondheid, je contacten met anderen, wat het je kost en wat het je waard is aan geld, wat er door je gebruik gebeurt met je prestaties op school, stage of werk, je zelfvertrouwen, je stemming, je slapen en eetlust en je toekomstplannen. Zijn de voordelen en nadelen die je hebt genoemd er alleen op korte termijn of ook op lange termijn? Voordelen van gebruik op de korte termijn kunnen bijvoorbeeld zijn: 'dan zie ik mijn vrienden' of 'dan voel ik me niet zo gespannen', en nadelen op langere termijn: 'ik kan niet meer zonder' en 'mijn schooldiploma kan ik wel vergeten'.

Zet de voor- en nadelen van stoppen met je gebruik op een rij. Voordelen van stoppen kunnen zijn: 'ik voel me weer helder in mijn hoofd' of 'ik heb weer geld voor andere

dingen', een nadeel van stoppen kan zijn: 'ik ben mijn gebruikende vrienden kwijtgeraakt'.
Zorg dat je de voordelen van je gebruik en de nadelen van stoppen goed in je hoofd hebt zitten, want deze dingen maken dat stoppen lastig is voor jou. Je zult eerst moeten werken aan het wegwerken van de voordelen voor jou van gebruik en van de nadelen voor jou om te stoppen.

Als je hebt besloten om te minderen of te stoppen met je gebruik, moet je ook een beslissing nemen wanneer je dit gaat doen. 'Begin ik meteen of ga ik het weekend nog één keertje los?' En als je beslist te minderen, hoe snel je dit wilt doen. En als je beslist om te stoppen, of je eerst gaat afbouwen en zo ja, hoe snel of stop je in één keer? En weet je al hoe lang je wilt vasthouden aan je plan? Allemaal vragen die je voor jezelf moet beantwoorden om een kans van slagen te hebben dat het je ook lukt om je plan uit te voeren.
Je kunt ook beslissen gewoon door te gaan met je middelengebruik. Of dit verstandig is, valt te betwijfelen, gezien de mogelijk erfelijke kwetsbaarheid om ook psychiatrische problemen te krijgen of verslaafd te raken. Maar goed, als je besluit om te blijven gebruiken, denk dan wel na, of er een manier is om de nadelen van je gebruik te beperken, of dat er mogelijk toch een punt in de toekomst is waarop je wel zou willen stoppen met het gebruik.
Als je het middel zomaar uit je leven haalt, kan er een gat ontstaan. Het is dan ook aan te raden om te bedenken hoe je dat gat gaat opvullen en alternatieven te verzinnen voor het middel. Wat doet het middel voor je? Als je bijvoorbeeld gewend bent om 's avonds te blowen om te ontspannen, denk dan na over andere manieren om te ontspannen. Je kunt 's avonds gaan sporten, vrienden opzoeken, in bad gaan, enzovoort. Je weet waarschijnlijk wel in welke situaties het moeilijk wordt om niet te gebruiken. Bedenk hoe je deze situaties kunt voorkómen, bijvoorbeeld door afleiding te zoeken, niet in de buurt van bepaalde plekken of mensen te komen, stress en verveling vermijden.
Grote kans dat je toch in de verleiding komt. Bedenk wat je gaat doen als je op het punt staat om toch te gebruiken, bijvoorbeeld iemand bellen of langsgaan bij iemand. Je kunt ook met een vriend afspreken dat je belt als je op het punt staat te gebruiken. Of met de Drugs Infolijn bellen op werkdagen tussen 13.00 en 18.00 uur (0900-1995, 10 eurocent per minuut) of met hen te chatten op maandag tot en met vrijdag van 13 tot 17 uur. Stel je trek zoveel mogelijk uit door iets anders te doen. Want wie weet komt er van uitstel wel afstel! Spreek dus met jezelf af iets anders te gaan doen als je in de verleiding komt. Ga een blokje om, ga even hardlopen, neem een bad, doe een boodschap, ga muziek luisteren of doe even een dutje. Of zit gewoon verveeld het moment van trek uit.

Stoppen of minderen is meestal niet makkelijk. De hulp en steun van een vriend of familielid kunnen op bepaalde momenten van groot belang zijn. Bedenk van tevoren aan wie je wilt vertellen dat je gaat stoppen of minderen. Wie van deze mensen zou je kunnen helpen? Het schept duidelijkheid als je hen van tevoren om hulp vraagt en uitlegt wat voor soort hulp je van hen nodig hebt. Denk bij hulp aan iemand die leuke dingen met je gaat doen om je af te leiden; je helpt om nieuwe dingen op te pakken die je kunt doen in plaats van gebruiken, bijvoorbeeld door samen te sporten of een cursus te volgen; die je kunt bellen als je toch wilt gaan gebruiken; die met je mee kan denken over je plan; die met je kan praten over het stoppen en over problemen die je daarbij tegenkomt en die je moed inpraat en je aanspoort om vol te houden.
Als je stopt of mindert, houd je vaak tijd en geld over. Van het geld dat je uitspaart, kun je iets moois voor jezelf kopen. Je kunt jezelf natuurlijk ook belonen door iets leuks te doen. Het gaat erom dat je jezelf beloont voor je prestatie en je jezelf extra motiveert.

Leg voor jezelf vast wat je beloning is en wanneer je die krijgt. Bijvoorbeeld iedere week dat je niet hebt gebruikt of wanneer je drie weken niet gebruikt hebt.

De laatste fase is het volhouden van stoppen of minderen. Dit is de belangrijkste en waarschijnlijk de langste fase. Stoppen of minderen is meestal niet moeilijk. Maar volhouden wel. Er is een kans dat je terugvalt. Wat kun je dan doen? Nou, vooral rustig blijven en de moed niet verliezen. Natuurlijk is het teleurstellend om terug te vallen. Maar terugvallen hoort erbij en je kunt ervoor zorgen dat het bij een kleine terugval blijft. Pak na de terugval gewoon je plan weer op om te stoppen, houd dit vol en laat je door een kleine terugval niet kleinkrijgen. Probeer ervan te leren: een terugval kan je ervaring en kennis geven. Wat ging er precies mis? Wat had je kunnen doen om het te voorkomen? Met deze kennis en ervaring kun je je in het vervolg beter wapenen tegen moeilijke situaties. Het hoeft de kans op het bereiken van je doel dus niet kleiner te maken.

13 Informatie over psychiatrische ziektebeelden

13.1 Depressie

Iemand is depressief als hij langere tijd erg somber en/of verdrietig is. Door de sombere buien kan een depressief iemand ook erg prikkelbaar en ongeduldig reageren, overal tegenop zien, veel te veel piekeren of steeds weer negatieve opmerkingen maken. Een depressie gaat niet zomaar over, ook niet door iets leuks te doen. Regelmatig zeggen depressieve mensen niets terug als je iets zegt of vraagt, ze zijn dan vooral met zichzelf bezig. Meestal hebben depressieve mensen nergens zin in. Ze hebben er ook geen energie voor. Dat betekent dat ze vele uren maar wat rondhangen of in bed blijven, geen zin en energie hebben om het huishouden te doen of het eten te verzorgen. Het kan lijken of je ouder helemaal geen aandacht meer voor je heeft, wat best wel zwaar kan zijn om als kind mee te maken. Ook kan iemand met een depressie gedachten krijgen over zelfdoding of hiertoe een poging doen. Een depressie is dus iets anders dan even een dipje hebben.

13.2
Bipolaire stoornis (= manisch depressief)

Iemand die manisch depressief is, heeft zowel een depressieve als een manische periode in zijn leven.

Manisch depressief is een beetje te vergelijken met de golven van de zee. Bij de meeste mensen zijn hun gevoelens redelijk rustig en zijn er wat kleine golfjes. Bij iemand die manisch depressief is, zijn de golven heel hoog en de golfdalen heel diep. Mensen die manisch depressief zijn voelen zich een periode hééL vrolijk en denken dat ze alles kunnen. Ze willen graag dat iedereen met hun vrolijkheid meegaat. Het lijkt of ze hun rem kwijt zijn. Het is dan moeilijk te snappen dat iemand ziek is. Dit heet een manische episode. Daarna komt er een periode waarin iemand heel erg somber, moe en verdrietig is. Er is dan niets meer over van de energie uit de hoge golven. Dit heet een depressieve episode (zie ook depressie).

Als je ouder een manische depressie heeft, lijkt hij of zij erg op iemand met een 'gewone' depressie. Alleen worden mensen met een manische depressie na deze sombere en verdrietige periode overdreven vrolijk en uitgelaten. Tijdens deze periode moeten kenmerken van een manische episode aanwezig zijn (zie hierna). Kijk voor de kenmerken van een depressie bij depressie.

Een manische episode duurt minstens een week. In die periode kan iemand niet normaal functioneren en hij vertoont bijvoorbeeld de volgende kenmerken:
- overdreven positief over zichzelf denken;
- minder behoefte aan slaap;
- veel meer praten dan normaal;
- heel veel gedachten die door het hoofd schieten;
- snel afgeleid zijn, bijvoorbeeld door onbelangrijke dingen;
- veel bewegen en veel meer doen dan normaal, bijvoorbeeld op het werk of in huis;
- veel dingen doen die op het eerste gezicht prettig lijken, maar onprettige gevolgen kunnen hebben, bijvoorbeeld heel veel geld uitgeven aan dingen die eigenlijk niet nodig zijn.

Soms moet iemand tijdens een manische episode zelfs worden opgenomen in een ziekenhuis, omdat hij of zij gevaarlijk is voor anderen en zichzelf.

13.3
Borderlinestoornis

Mensen met een borderlinestoornis hebben extreme stemmingswisselingen. Het ene moment zijn ze heel opgewekt, het andere moment diep ongelukkig. Ze reageren vaak in uitersten: ze vinden iemand heel erg leuk of vreselijk stom. Of ze beginnen superenthousiast aan iets, maar willen, als het even tegenzit, meteen iets anders doen. Mensen met borderline lijken alleen maar in extremen te denken, alleen in zwart en wit. Een tussenweg lijkt voor hen niet te bestaan.

Zo extreem kunnen deze mensen ook over zichzelf denken. Dat doet dan erg pijn vanbinnen. Sommige mensen met een borderlinestoornis doen zichzelf pijn, door zich bijvoorbeeld in de armen te snijden, om de pijn vanbinnen niet te hoeven voelen.

Meer kenmerken die bij een borderlinestoornis kunnen voorkomen zijn:
- groot gevoel van instabiliteit;
- grote angst om verlaten te worden;
- veel verschillende relaties aangaan;
- impulsief gedrag, bijvoorbeeld geld uitgeven aan dingen die niet echt nodig zijn, overmatig bezig zijn met seks, alcohol, drugs, roekeloos en gevaarlijk autorijden of erg veel eten;

- steeds weer denken aan de dood;
- steeds een 'leeg' gevoel vanbinnen hebben.

13.4 Dissociatieve stoornis

Dissociatie betekent 'ontkoppeling' of 'uiteenvallen'. Misschien zegt het je niets, maar het is een verschijnsel dat dagelijks voorkomt. Als je bijvoorbeeld met iets bezig bent zonder er met je gedachten bij te zijn of als je een dagdroom hebt. Of als je op je fiets hebt gezeten en je niets meer kunt herinneren van wat je onderweg hebt gezien of welke weg je hebt gefietst. Dissociatie is een manier om tot rust te komen van alle drukte in je hoofd of om je heen. Wanneer iemand door de verschijnselen niet meer normaal kan functioneren, dan is er sprake van een dissociatieve stoornis. Het wordt dan een manier om te ontsnappen aan de 'angstige realiteit'. Een dissociatieve stoornis ontstaat vaak doordat die persoon een traumatische gebeurtenis (bijv. overlijden van iemand of seksuele mishandeling) heeft meegemaakt, langdurig oververmoeid/uitgeput is of drugs heeft gebruikt. Bepaalde emoties, gevoelens, gedachten en waarnemingen worden dan niet meer bewust ervaren.

Andere kenmerken van een dissociatieve stoornis zijn onder andere:
- geheugenverlies;
- verlies van gevoel in delen van het lichaam;
- het vergeten van belangrijke persoonlijke informatie;
- het gevoel hebben los te staan van de wereld om je heen;
- zich op zeer verschillende manieren gedragen;
- verstoord beeld hebben van het eigen lichaam.

Er zijn verschillende vormen van dissociatieve stoornissen.
Bij een *depersonalisatiestoornis* heeft iemand het gevoel los te staan van het lichaam of van zijn gedachten. Hij beleeft zichzelf dan als een automaat of als in een droom.
Een *dissociatieve amnesie* is ernstig geheugenverlies voor bijvoorbeeld traumatische gebeurtenissen, maar ook voor dagelijkse dingen.
Een *dissociatieve fugue* betekent dat iemand een (gedeeltelijk) nieuwe identiteit aanneemt. Hij kan bijvoorbeeld plotseling en ongepland weggaan van de werkplek of van huis voor uren of dagen. Meestal gaat dit gepaard met geheugenverlies.

13.5 Dwangstoornis

Iemand met een dwangstoornis heeft zowel dwanggedachten (obsessies) als dwanghandelingen (compulsies). Iemand die een dwangstoornis heeft, weet meestal zelf dat dit gedrag niet nodig is, maar kan het niet stoppen: het is iets wat hij 'moet' van zichzelf, vandaar het woord 'dwang'.
Bij dwanggedachten blijft iemand steeds aan allerlei dingen denken waar hij juist helemaal niet aan wil denken. En dit zijn dan ook nog eens bijna allemaal nare of enge gedachten. Dat er een ernstig ongeluk gaat gebeuren of dat hij een vreselijke ziekte krijgt. Dit soort gedachten maakt de persoon erg angstig of geeft een heel onprettig gevoel. Deze ideeën zijn veel erger dan 'gewone' zorgen of angst. Iemand met dwanggedachten zal proberen deze gedachten te negeren, te onderdrukken of proberen heel hard aan iets anders te denken. Hij gaat van alles proberen om deze dwanggedachten te bezweren en kan dan dwanghandelingen gaan uitvoeren. Dwanghandelingen, bijvoorbeeld twintig keer de handen wassen of dingen rechtzetten volgens steeds weer dezelfde regels, nemen veel tijd in beslag, omdat ze telkens herhaald moeten worden. Er blijft nauwelijks tijd over voor iets anders. Deze 'verplichte' handelingen zijn duidelijk zeer overdreven en volkomen nutteloos: iets

één keer doen is voldoende, maar zo ervaart iemand met dwanghandelingen dit niet. Degene die dwanghandelingen heeft weet dat ook, maar kan er toch niet mee stoppen. Het is iets wat hij 'moet' van zichzelf.

13.6
Schizofrenie en psychose

Een psychose en schizofrenie lijken veel op elkaar. Het belangrijkste verschil is dat schizofrenie langer duurt dan een psychose. Je kunt een keer een psychose krijgen en daarna nooit meer. Iemand die schizofrenie heeft, heeft eigenlijk een heel lange psychose of meerdere psychoses achter elkaar. Andersom kun je ook zeggen dat iemand die lange tijd achter elkaar psychotisch is, schizofrenie heeft.

Mensen die een psychose of schizofrenie hebben, denken op dat moment dat dingen die zij zien, horen of ruiken er écht zijn, terwijl niemand anders die dingen waarneemt. Dit kan heel eng zijn, omdat ze bijvoorbeeld steeds denken dat iemand vergif in hun koffie heeft gedaan of dat de politie naar hen op zoek is.

Het kan zijn dat je ouder met schizofrenie of een psychose de hele tijd vreemd doet, maar ook dat je ouder soms weer 'gewoon' doet. Sommige mensen zijn vooral erg druk en doen veel rare dingen, andere worden juist erg verdrietig en somber en liggen de hele dag in bed.

Een *psychose* heeft de volgende kenmerken:
- het zien, horen, ruiken, proeven of voelen van dingen die er niet echt zijn (hallucinaties);
- het denken van dingen die niet waar zijn of niet kloppen, bijvoorbeeld denken dat iemand achtervolgd of gezocht wordt door de politie (wanen);
- praten in wartaal of op een vreemde manier praten;
- vreemd, warrig gedrag of ineens niet meer bewegen (iemand lijkt dan te 'bevriezen').

De hiervoor genoemde kenmerken zijn langer dan een dag, maar niet langer dan een maand aanwezig. Na een psychose wordt iemand weer 'normaal'. De psychose is dus niet altijd aanwezig. Als deze kenmerken langer dan een maand aanwezig zijn, kan iemand schizofrenie hebben.

Schizofrenie heeft de volgende kenmerken:
- het zien, horen, ruiken, proeven of voelen van dingen die er niet echt zijn (hallucinaties);
- het denken van dingen die niet waar zijn of niet kloppen, bijvoorbeeld denken dat iemand achtervolgd of gezocht wordt door de politie (wanen);
- praten in wartaal of op een vreemde manier praten;
- vreemd, warrig gedrag of ineens niet meer bewegen (iemand lijkt dan te 'bevriezen');
- geen dingen meer willen doen die iemand daarvoor wel prettig vond of wilde doen. Ook kan het lijken of iemand niet meer goed kan 'voelen': iemand wordt niet meer blij en vrolijk, maar ook niet meer boos of verdrietig;
- iemand presteert niet meer goed op het werk of in hobby's, kan niet goed meer met andere mensen omgaan en zorgt slecht voor zichzelf (niet wassen, geen schone kleren aantrekken);
- er zijn zes maanden lang steeds één of meer kenmerken van de stoornis aanwezig, waarvan minstens een maand twee van de eerste vier genoemde kenmerken.

13.7
Autisme, Asperger, PDD-NOS

Mensen met autisme hebben moeite met contact met anderen. Hoe moeilijk contact maken gaat, verschilt per persoon. Sommige mensen snappen niks van de wereld om hen heen, kunnen niet praten en wonen hun hele leven in speciale tehuizen. Andere mensen kunnen met een beetje hulp goed in een eigen huis wonen.

Iemand met autisme heeft moeite met onverwachte, nieuwe dingen. Hij vindt het prettig te weten waar hij aan toe is. Daarom doet hij het liefst steeds hetzelfde en heeft hij graag een vast ritme. Met nieuwe mensen praten en met nieuwe situaties omgaan vindt hij erg moeilijk.

Voor mensen met autisme, is het vooral lastig dat ze niet snappen hoe anderen zich voelen. Dit betekent ook dat ze niet (goed) op gevoelens van anderen kunnen reageren. Vaak snappen mensen met autisme ook de figuurlijke betekenis van woorden niet. Als je bijvoorbeeld tegen iemand met autisme zegt: 'ik schrik me een hoedje!', kan hij niet goed begrijpen dat je niet écht een hoedje op hebt. Of als je voor hen onverwacht reageert, kan het voorkomen dat ze ineens een woede- of paniekbui krijgen.

Twee vormen van autisme die vaak voorkomen zijn de autistische stoornis en het syndroom van Asperger.

Bij een *autistische stoornis* moeten minstens zes van de volgende kenmerken voorkomen. Deze kenmerken moeten komen uit punt 1, 2 én 3.

1. *Sociale interactie (problemen met omgaan met andere mensen)*
- problemen in het non-verbale (dus: zonder praten) gedrag naar andere mensen (bijv. mensen niet aankijken, een rare houding of niet-passende gezichtsuitdrukking hebben);
- geen goed contact met mensen van dezelfde leeftijd kunnen opbouwen;
- niet kunnen snappen hoe iemand anders zich voelt;
- (sociaal) gedrag en gevoelens zijn niet gericht op andere mensen; niet kunnen reageren op sociaal gedrag en gevoelens van anderen.

2. *Communicatie*
- taalproblemen of een achterstand in het praten;
- niet een gesprek kunnen beginnen of een gesprek goed kunnen volhouden;
- steeds dezelfde woorden gebruiken of op een rare manier praten.

3. *Gedrag*
- slechts een paar interesses hebben, maar daar dan abnormaal veel mee bezig zijn en er veel van weten;
- bepaalde (dwangmatige) gewoontes en rituelen hebben;
- op een rare manier bewegen;
- heel erg gehecht zijn aan bepaalde voorwerpen (bijv. het wiel van een speelgoedautootje).

Het *syndroom van Asperger* lijkt op de autistische stoornis. Iemand met Asperger heeft vaak minder kenmerken dan iemand met een autistische stoornis en functioneert beter. Van de volgende vier kenmerken moeten er minstens twee voorkomen:
- problemen in het non-verbale (dus: zonder praten) gedrag naar andere mensen (bijv. mensen niet aankijken, een rare houding of niet-passende gezichtsuitdrukking hebben);
- geen goed contact met mensen van dezelfde leeftijd kunnen opbouwen;
- niet kunnen begrijpen hoe iemand anders zich voelt (bijv. niet blij kunnen zijn voor iemand anders);
- (sociaal) gedrag en gevoelens zijn niet gericht op andere mensen; niet kunnen reageren op sociaal gedrag en gevoelens van anderen;

Daarnaast nog de volgende kenmerken:
- maar een paar interesses hebben (en daar abnormaal veel van weten of mee bezig zijn); steeds hetzelfde (vreemde) gedrag vertonen; steeds met dezelfde dingen bezig zijn;
- geen achterstand in de taalontwikkeling (wat bij een autistische stoornis vaak wel het geval is);
- geen stoornissen of problemen met het denken (wat bij een autistische stoornis vaak wel het geval is);

Als bij je vader of moeder niet genoeg kenmerken van autisme of het syndroom van Asperger aanwezig zijn, wordt vaak gezegd dat hij of zij PDD-NOS heeft. Ook bij deze stoornis heeft iemand veel problemen die lijken op de hiervoor genoemde kenmerken.

13.8
Angst en paniek

Mensen met een angststoornis zijn bang. Ze proberen situaties waarvoor ze bang zijn te vermijden.
Er zijn veel verschillende angststoornissen:
- Iemand met een *gegeneraliseerde angststoornis* voelt een heel grote angst voor een aantal situaties of activiteiten. De angst duurt een langere periode en is moeilijk onder controle te krijgen. Deze persoon heeft bijvoorbeeld een opgejaagd gevoel, moeite met concentreren, gespannen spieren en problemen met slapen. Vaak is hij prikkelbaar en snel moe. De angst of bezorgdheid komt vaak voor, is minstens zes maanden aanwezig en hij heeft er veel last van.
- Mensen met een *posttraumatische stressstoornis* hebben een traumatische gebeurtenis meegemaakt. Zo'n traumatische gebeurtenis geeft een gevoel van onzekerheid en kwetsbaarheid. Mensen voelen zich dan machteloos en hebben weinig vertrouwen meer in zichzelf en anderen. Vaak hebben zij grote angst voor of een regelmatige herbeleving van de gebeurtenis. Ze zijn erg prikkelbaar, slapen slecht, worden snel kwaad of schrikken makkelijk. Die kenmerken zijn zo ernstig dat iemand niet meer normaal kan functioneren en ze duren langer dan een maand.
- Als iemand een *sociale fobie* heeft, vindt hij het heel eng om samen met anderen te zijn, vooral als een prestatie wordt verwacht. Hij is bang om negatief te worden beoordeeld en bovendien bang voor zijn eigen reactie daarop zoals verlegenheid, blozen of trillen. Hij probeert sociale situaties die angst oproepen te ontwijken. Dat is zo sterk dat iemand niet meer normaal kan functioneren in zijn of haar dagelijks leven.
- Bij een *specifieke fobie* heeft iemand uitgesproken, aanhoudende, overdreven angst voor een specifieke situatie of voorwerp (bijv. het zien van bloed, hoogte, een injectie krijgen, een bepaald dier). De persoon weet dat deze angst overdreven en niet logisch is, maar probeert contact met de situatie of het voorwerp te vermijden. Als er toch contact is, zal hij angstig reageren.
- Mensen met een *paniekstoornis* hebben regelmatig onverwachte paniekaanvallen. Een paniekaanval is een korte periode waarin iemand zich zeer onprettig of angstig voelt. Iemand heeft dan veel lichamelijke klachten, bijvoorbeeld:
  o hartkloppingen of snellere hartslag;
  o zweten;
  o trillen of beven;
  o gevoel van kortademigheid of benauwdheid;
  o gevoel te zullen stikken;

- pijn of onprettig gevoel op de borst;
- misselijkheid of buikklachten;
- duizeligheid, 'licht gevoel' in het hoofd, wankel of flauwval gevoel;
- het gevoel er 'niet helemaal meer bij te zijn' of het gevoel dat de situatie niet echt is.

Na de paniekaanval maakt de persoon zich veel zorgen over het opnieuw krijgen van een aanval, de gevolgen van een aanval en verandering in zijn gedrag. Ook gaat het gepaard met:
- angst om de controle over zichzelf te verliezen of angst om gek te worden;
- angst om dood te gaan;
- het idee 'verlamd' te zijn van angst, niet meer te kunnen bewegen.

Een paniekstoornis gaat vaak samen met *agorafobie*. Agorafobie is angst om op een plek of in een situatie te zijn waaruit je niet kunt ontsnappen (in ieder geval niet zonder grote schaamte). Zulke plekken of situaties geven een zeer onprettig gevoel en iemand zal dat soort plekken proberen te vermijden.

13.9 Eetstoornis

Er zijn drie vormen van een eetstoornis: anorexia nervosa, boulimia nervosa en eetbuienstoornis (in het Engels: Binge Eating Disorder). Mensen met een eetstoornis piekeren vaak de hele dag over hun uiterlijk en hun gewicht. Ze denken negatief over zichzelf, omdat ze zichzelf te dik vinden. Ook denken ze veel aan eten. Ze zijn erg bang om aan te komen en voelen zich vaak heel dik, zelfs als ze in werkelijkheid erg mager zijn. Vooral vrouwen krijgen eetstoornissen, maar ook bij mannen komen ze voor.

Als je ouder *anorexia* heeft, voelt zij of hij zich vaak erg dik en lelijk. Dit is moeilijk te begrijpen, omdat iemand met anorexia vaak erg dun is. Je ouder zal er alles aan doen om zoveel mogelijk af te vallen. Mensen met anorexia eten daarom erg weinig, ook als ze wel honger hebben! Ook doen ze vaak veel aan sport om nog sneller af te vallen.

Net als bij anorexia nervosa piekeren mensen met *boulimia nervosa* veel over hun uiterlijk en gewicht. Iemand met boulimia heeft vaak wel een normaal gewicht. Als zo iemand zich verdrietig of boos voelt, gaat hij enorm veel eten. Dat heeft niets met honger te maken. Mensen met boulimia zijn erg bang om aan te komen van al dat eten. Ze proberen daarom het eten van hun 'eetbui' zo snel mogelijk weer kwijt te raken, door over te geven door hun vinger in de keel te steken of extreem veel te gaan sporten. Ook schamen ze zich er vaak voor dat ze zoveel eten. Ze doen er alles aan om hun eetbuien geheim te houden.

Een *eetbuienstoornis* (in het Engels: Binge Eating Disorder) lijkt veel op boulimia nervosa. Ook mensen met een eetbuienstoornis hebben regelmatig eetbuien. Ze piekeren veel over hun uiterlijk en gewicht. Ze willen graag slank zijn. Anders dan bij boulimia proberen mensen met een eetbuienstoornis het eten na een eetbui niet kwijt te raken. Ze zijn daardoor vaak dik.

13.10 ADHD

ADHD is een aandachtsconcentratiestoornis en staat voor 'Attention Deficit Hyperactivity Disorder'. Het wordt wel eens uitgelegd als Alle Dagen Heel Druk. Niet alle mensen met ADHD zijn zo druk. Als iemand geen last heeft van impulsiviteit of hyperactiviteit, maar de rest van de problemen wel dan hebben we het over ADD (Attention Deficit Disorder). Dit is dus precies dezelfde problematiek, maar dan zonder hyperactiviteit en impulsiviteit. Mensen met overwegend ADD-problemen zijn vaak de dromerige types, bij wie alles langs heen lijkt te gaan.

Heel veel mensen hebben kenmerken van zowel ADHD als ADD, het zogenoemde gecombineerde type.

Mensen met ADHD voelen zich onrustig. Stilzitten is lastig voor hen evenals hun handen en voeten stilhouden, ze wiebelen veel op een stoel, zijn erg beweeglijk en aanwezig en hebben moeite om zichzelf rustig bezig te houden. Mensen met ADHD vinden het moeilijk om af te maken waaraan ze zijn begonnen. Vaak antwoorden ze al als jij pas halverwege je vraag bent. Of ze beginnen liever niet aan taken die veel tijd en inspanning vragen. Ze zijn vaak slordig en raken snel iets kwijt. Of hebben moeite met luisteren naar een ander, omdat ze hun aandacht er niet bij kunnen houden, waardoor het lijkt of ze niet in de ander zijn geïnteresseerd. Of vergeten wat eerder is verteld. Mensen met ADHD doen dit alles niet expres. Ze vinden het zelf vaak ook heel vervelend dat het keer op keer gebeurt.

Websites

Websites voor aanvullende informatie en hulp

- www.adfstichting.nl is de site van de angst, dwang en fobiestichting.
- www.al-anon.nl is zowel voor volwassenen als jongeren onder de 18 jaar die door het drinken van een ander te lijden hebben (gehad) en steun zoeken bij lotgenoten. Het deel voor de jongeren heet Alateen. Het lidmaatschap is gratis. Al-Anon organiseert groepsbijeenkomsten en voorziet in haar eigen behoeften door vrijwillige bijdragen van de leden.
- De Stichting Coke van Jou (www.cokevanjou.nl) is een landelijk steun- en informatiepunt voor partners, familie en vrienden van verslaafden. Men biedt ondersteuning aan mensen die moeite hebben met de verslaving van een ander.
- Op www.drankjewel.nl is een deel bestemd voor de jongere tussen de 12 en 18 jaar met een ouder met een alcoholprobleem en een deel voor de 18-plussers. De website bevat onder andere informatie, ervaringsverhalen, een forum voor lotgenotencontact, e-mailservice voor persoonlijk advies van een deskundige en verwijzing naar (hulp)verlening.
- Op www.drinktest.nl en www.watdrinkjij.nl kun je met een korte test zien hoe het met je drankgebruik is gesteld. Tevens worden er adviezen gegeven aangepast aan eigen alcoholgebruik en tips hoe om te gaan met moeilijke momenten als je je alcoholgebruik wilt minderen of niet wilt drinken.
- Op www.drugsinfo.nl vind je alles over drugs op een rijtje en informatie over verschillende vormen van hulp en adressen.
- www.ervaringsverhalen.nl biedt een overzicht van boeken en websites met levensverhalen, ervaringsverhalen en herstelverhalen. Tevens zijn op deze site tips te lezen voor het schrijven van je eigen verhaal (jongeren en volwassenen).
- Op www.gameadviesopmaat.nl kun je een testje doen om eigen gamegedrag in kaart te brengen, is allerlei informatie te vinden over gamen en als er van overmatig gamen sprake is, kun je ook hulp krijgen om dit aan te pakken.
- Op www.jellinek.nl vind je veel informatie over drugs en kun je een test doen om te zien hoeveel je (niet) weet van drugs.
- Het Kenniscentrum Kinder- en Jeugdpsychiatrie (www.kenniscentrum-kjp.nl) heeft een apart deel voor jongeren (Brainwiki). Hier is allerlei informatie te vinden over psychiatrische ziektebeelden en over medicijnen. De informatie over medicijnen vind je onder het kopje 'begrijp je medicijn'.
- www.kindermishandeling.nl is voor kinderen, jongeren en volwassenen die mishandeld worden/zijn geweest. Er is een deel voor kinderen van 8 tot 11 jaar, van 11 tot 14 jaar, van 14 tot 18 jaar en een deel voor 18+.
- Op www. kindertelefoon.nl kun je dagelijks chatten en (gratis) bellen op 0800-0432 tussen 14 uur en 20 uur voor hulp op allerlei gebieden.
- Op www.kopstoring.nl vind je informatie over psychiatrie en verslaving, er is een forum, je kunt e-mailen met een deskundige en er is de mogelijkheid om verhalen van andere jongeren te lezen, je eigen verhaal te delen en een begeleide groepscursus van acht sessies in een chatbox voor jongeren van 16 tot 25 jaar te volgen.
- Voor de 18-plusser is er Labyrint-in-perspectief (www.labyrint-in-perspectief.nl), een organisatie van ervaringsdeskundigen die zich inzet voor familie en vrienden

van mensen met psychiatrische problemen. Ook hulpverleners kunnen met hun vragen bij hen terecht. Labyrint organiseert jaarlijkse KOPP/KVO-ontmoetingsdagen, waar volwassen KOPP/KVO-kinderen met elkaar in contact kunnen komen, ervaringen uitwisselen en informatie krijgen. Naast deze jaarlijkse dag is er een telefonische hulplijn (0900-2546674) bemand door ervaringsdeskundigen en de mogelijkheid om ondersteuning te krijgen via e-mail. Op de site kun je deelnemen aan een chatforum of ervaringsverhalen lezen. Labyrint organiseert tevens verspreid door het land contactgroepen. Deze groepen worden begeleid door eigen vrijwilligers. Labyrint verzorgt ook belangenbehartiging en voorlichting.

- De Landelijke Stichting Familie Vertrouwenspersonen (www.LSFVP.nl) is er voor familie en directbetrokkenen, indien ze zich niet gehoord, begrepen of slecht bejegend voelen door de hulpverlener.
- www.lsovd.nl is de site van de Landelijke Stichting Ouders en Verwanten van Drugsverslaafden.
- Op www.mijnihelp.nl is een online cursus te vinden die openstaat voor iedereen die familie en/of mantelzorger is van een persoon met psychiatrische problemen. De online cursus kan gratis door iedereen zelfstandig worden gevolgd. Wil je begeleiding van een deskundige bij het online volgen van deze cursus dan is deze alleen beschikbaar voor mensen uit Amsterdam(via PuntP/Arkin) en uit Zuid-Holland (via preventie van Rivierduinen).
- Nar-Anon (www.nar-anon.nl) is een zelfhulporganisatie voor familie en vrienden van verslaafden. Hun programma is gebaseerd op de twaalf voorgestelde stappen van Narcotics Anonymous en ze werken door middel van familiegroepen.
- De stichting AGOG (www.stoppenmetgokken.nl of www.agog.nl) is een organisatie die hulp biedt aan mensen die problematisch gokken en aan mensen die problemen hebben met het gokgedrag van iemand die hen lief is. Dit gebeurt in de vorm van structurele groepsbijeenkomsten van anonieme gokkers en de naasten van de gokkers.
- www.survivalkid.nl is een besloten site voor jongeren van 12 tot 24 jaar die een familielid met psychiatrische problemen of een verslaving hebben. Je vindt hier informatie over psychiatrische problemen en verslaving, er is een chatfunctie om met andere jongeren te chatten, er is de mogelijkheid om te mailen of te chatten met een 'survivalcoach', je kunt testjes invullen, een blog lezen of zelf een blog bijhouden, reageren op verhalen en stemmen op stellingen. Ook als er sprake is van huiselijk geweld kun je op deze site terecht.
- Op www.survivalkidxl.nl kun je (anoniem) terecht als er een gezinslid is dat door psychiatrische problemen of een verslaving iets strafbaars heeft gedaan. Er is informatie te vinden over een gedwongen opname, politie of justitie. Verder biedt deze site dezelfde keuzemogelijkheden als www.survivalkid.nl
- www.vmdb.nl is de website van de Vereniging voor Manisch Depressieven en Betrokkenen(VMDB), een landelijke organisatie vóór en dóór leden, alleen voor 18-plussers.
- Ypsilon (www.ypsilon.org) is er voor (volwassen) familieleden en naastbetrokkenen van mensen met een verhoogde kwetsbaarheid voor een psychose dan wel bekend zijn met schizofrenie. Ypsilon biedt diverse mogelijkheden om per e-mail te praten met lotgenoten. Er is een aparte groep voor volwassen kinderen van een ouder bekend (geweest) met een psychose of schizofrenie.
- De Landelijke Stichting Zelfbeschadiging (www.zelfbeschadiging.nl) zet zich in voor mensen die zichzelf beschadigen en biedt voorlichting, ondersteuning en advies, ook aan familieleden en betrokkenen.
- Op www.113online.nl kunnen zowel mensen die met zelfmoordgedachten rondlopen als nabestaanden terecht voor een persoonlijk telefoongesprek met een hulpverlener, chatten, mailcontact of om online een cursus te volgen. Ook is er een nabestaandenforum. Indien gewenst kan alles anoniem plaatsvinden. Op de site is ook veel achtergrondinformatie te vinden, evenals wetenschappelijke artikelen,

informatie waarmee iemand zelf aan de gang kan gaan en andere informatiebronnen, zoals boeken en websites. Telefoonnummer 0900-0113, 24 uur per dag.

Over de auteur

Lies Wenselaar (1954) woont in Ridderkerk en is werkzaam als (kinder- en jeugd)psychiater en (kinder- en jeugd)psychotherapeut. Wenselaar werkt al meer dan 30 jaar met KOPP/KVO-gezinnen, zowel binnen de vrijwillige als de gedwongen hulpverlening en is een groot voorstander van integrale hulpverlening aan KOPP/KVO-gezinnen. Als docent (o.a. RINO Groep en Servicepunt Schoolmaatschappelijk Werk) heeft Wenselaar een groot aantal bijscholingscursussen over dit onderwerp verzorgd. Daarnaast heeft zij vele incompanytrainingen gegeven in Nederland en lezingen en workshops gehouden op congressen.

Zij heeft een brede werkervaring zowel in de reguliere (kinder- en jeugd-)GGZ als in de verslavingszorg voor 12+ en jongvolwassenen. Ook heeft zij gewerkt met en voor kinderen en ouders met een verstandelijke beperking. Hiernaast was zij vele jaren als onafhankelijk adviseur en onderzoeker betrokken bij de gedwongen (jeugd)hulpverlening, in zaken van de Kinderbescherming en Jeugdzorg. Ook bekleedde zij bestuursfuncties bij de Vereniging voor Kinder- en Jeugdpsychotherapie (VKJP) en het Boddaertcentrum te Rotterdam.

lwenselaarkoppkvo@upcmail.nl

Register

113online 82

adfstichting 81
ADHD 79
agog.nl 15, 82
agressie
   negatieve 34
   positieve 35
agressief 30
al-anon.nl 81
angst 9
   dwang en fobiestichting 81
angststoornis 78
   gegeneraliseerde 78
anorexia 79
Asperger, syndroom van 77
assertief 31
autisme 77
autistische stoornis 77
automutilatie 60

borderlinestoornis 74
boulimia nervosa 79
Brainwiki 14, 15
bui
   boze 10
   sombere 9

chatten, anoniem 14
cokevanjou 81
contact met familie 13

denkstoornis/waan 59
depersonalisatie 60
depressie 12, 73
derealisatie 60
dissociatieve stoornis 60, 75
drankjewel 15, 81
drinktest 15, 81
Drugs Infolijn 71
dwanggedachte/dwanghandeling 60
dwangstoornis 75

Eén-ding-tegelijk-doen Ik 23
eetbuienstoornis 79
eetstoornis 79
eigen leven buitenshuis 10
emotie 34
   negatieve 35
Emotionele Ik 23

familievertrouwenspersoon 82
fobie 60
   agora- 79
   sociale 78
   specifieke 78

gameadviesopmaat 69, 81
gedragskenmerken 62
gedragsverandering 61
gedwongen behandeling 56
gezinsleven, veranderingen 63
GGZ 16
gokken 82

hallucinatie 59
herinneringen
   leuke 21
   omgaan met 17
   vervelende 25
huiselijk geweld 13

Ikken 23
inbewaringstelling (IBS) 15, 56

Kenniscentrum Kinder- en Jeugdpsychiatrie 14, 81
kindermishandeling 13
Kindertelefoon 13, 14
KOPP/KVO-groep 14
KOPP/KVO-jongeren
   tips 17
kopstoring 14, 81

Labyrint-in-perspectief 81
Landelijke Stichting Ouders en Verwanten van Drugsverslaafden 82
levenslijn 45

machteloosheid 9, 34
manisch depressief 74
manische fase 12
medicijnen, informatie 16
middelen, minderen of stoppen 70
mijnihelp.nl 82
misbruik 13
mishandeling 13
   emotionele 67
   lichamelijke 67
moeilijke momenten 20
moe zijn 11
muur, denkbeeldige 29

online cursus 82
ontspannen 30
opkomen voor jezelf 11, 17, 30
opluchting 66
ouder
    opname 15
    verslaafde 15
ouderrol
    verandering 55, 61

paniekstoornis 78
paranoïde 59
piekeren 9
psychiater 15
psychiatrische of verslavingsproblemen 11
psychiatrische symptomen 40
psychiatrisch ziek 52
psychiatrisch ziekenhuis 55
psycholoog 15
psychose 12, 59, 76

rechterlijke machtiging (RM) 15, 56
Redelijke Ik 23

schizofrenie 76
schuldgevoel 9, 66
seksueel misbruik 68
slecht slapen 11
steun vragen 49, 64
    openingszin 49
stoppenmetgokken.nl 15, 82

stressstoornis, posttraumatische 78
subassertief 31
survivalkid 14, 82
symptoom 59

Veilig Thuis 13, 67
Vereniging voor Manisch Depressieven en
    Betrokkenen 82
verslaafd 11
verslaving 15, 52
    aan gamen 15, 69
    aan middelen 70
verveling 9
verwaarlozing 13
verwardheid 59
vrienden 10

watdrinkjij 15, 81
Wijze Ik 24

ypsilon 82

zelfbeschadiging.nl 82
zelfhulporganisatie voor familie en vrienden
    van verslaafden 82
zelfmoord 65
zelfmoordpoging 65
    ouder 13
zelfvertrouwen 10
ziekteverschijnsel 40, 59

MIX
Papier aus verantwortungsvollen Quellen
Paper from responsible sources
FSC® C105338

If you have any concerns about our products,
you can contact us on
ProductSafety@springernature.com

In case Publisher is established outside the EU,
the EU authorized representative is:
Springer Nature Customer Service Center GmbH
Europaplatz 3, 69115 Heidelberg, Germany

Printed by Libri Plureos GmbH
in Hamburg, Germany